실전편

베스트에서
그림으로 교실의
상식을 바꾸다

필살숙
비주얼
씨킹

발행일   2017년 9월 11일 초판 1쇄 발행
                2020년 8월 17일 초판 3쇄 발행
지은이   김해동, 김화정, 김영진, 최시강, 노해은, 임진묵, 공세환
발행인   방득일
편 집   신윤철, 박현주, 정미정, 문지영
디자인   강수경
마케팅   김지훈

발행처   맘에드림
주 소   서울시 도봉구 노해로 379 대성빌딩 902호
전 화   02-2269-0425
팩 스   02-2269-0426
e-mail   momdreampub@naver.com

ISBN 978-89-97206-58-2 03370

실 전 편

텍스트에서
그림으로 교실의
상식을 바꾸다

교실 속
비주얼
씽킹

비 주 얼 러 닝 연 구 소

김해동·김화정·김영진·최시강
노해은·임진묵·공세환 지 음

맘에드림

저자의 말

어느 교실에서 있었던 교사와 학생의 대화이다.

교사가 학생에게 묻는다.

"통 안에 뭐가 보이니?"

"애벌레요."

교사가 다시 묻는다.

"통 안에 애벌레는 무엇이 될 것 같니?"

"글쎄요?"

"언젠가는 튼튼한 장수풍뎅이가 될 거란다. 자세히 들여다보렴."

잠시 후 교사가 다시 물었다.

"애벌레가 장수풍뎅이가 될 것이라는 표시가 어디 있는지 말해주겠니?"

학생은 애벌레를 유심히 살펴보았다.

"선생님, 애벌레가 장수풍뎅이가 될 거라는 표시는 아무 데도 없어요."

"바로 그거다! 네가 애벌레 속에서 무슨 일이 일어나는지 알 수 없는 것처럼, 사람들은 네 마음속에 무엇이 있는지 볼 수 없단다."

이 애벌레 이야기처럼 교사는 학생들의 마음을 다 알지 못한다. 어느 학생이

훗날 힘이 센 장수풍뎅이가 될지, 아니면 다른 곤충이 될지는 아무도 모른다. 학생 스스로가 자신의 미래를 설계하고 그 길을 향해 나아가고 있을 뿐이다. 그런 학생들 곁에서 그들이 스스로 문제를 해결할 수 있는 힘을 키울 수 있도록 돕는 게 우리 교사들의 역할이다.

특히 최근에는 창의적인 인재를 육성하는 일이 중요해지고 있다. 정보를 능동적으로 관찰하고 자신의 것으로 재구성할 줄 아는 힘을 길러주는 교육이 필요해진 것이다. 이제는 우리 교사들이 기존의 획일적인 텍스트 중심 수업에서 벗어나 학생 스스로가 자신의 생각을 표현하고 재구성할 수 있는 능력을 길러줘야 할 때인 것이다. 방법은 다음과 같다.

첫째, 비주얼을 평가의 대상으로 보지 말아야 한다. 비주얼씽킹이나 그림은 그 사람의 마음을 있는 그대로 '읽는' 것이다. "이왕이면 다홍치마"라는 말이 있듯이 비주얼로 잘 표현된 것은 칭찬받을 만하다. 그러나 적어도 생각이 잘 표현된 작품에 대해서는 더욱 칭찬하고 격려해야 한다.

둘째, 비주얼씽킹을 통해서 학생들이 스스로를 성장시킬 수 있는 근육을 키우도록 도와주어야 한다. 이는 창의, 인성, 융합 등 미래를 위해 준비해야 함을 의미한다. 그러나 어른들은 우리 학생들에게 자신을 객관적으로 바라보며 어떻게 생각을 정리할지 알려주지 못했다. 학생 스스로가 애벌레 → 번데기 → 성충으로 성장하려면 내용을 조직하고 구성하는 기초적인 작업이 필요하다. 이렇게 성장할 수 있는 근육을 키우는 방법 중 하나가 비주얼씽킹이다.

셋째, 학생들에게 몰입의 순간을 제공해야 한다. 몰입의 의미를 사전에서 찾아보면 어떤 행위에 깊게 몰입하면 '시간, 공간, 자신에 대한 생각까지 잊어버리게 되는 심리 상태'라고 하였다. 학생들이 몰입을 통해 불안해하지 않고, 일상에 대한 재미를 느끼며, 자신의 삶을 주체적으로 살아갈 수 있도록 해야 한다. 논리적인 사고, 언어 등도 주제에 대한 관심과 흥미가 있을 때 가능하다. 이러한 관심을 갖게 하는 촉매제 역할이 바로 비주얼씽킹이다.

넷째, 학생들의 잠재력을 끌어올려야 한다. 텍스트 중심의 수업에서는 학생의 내면을 확인하지 못하거나 학생이 스스로의 생각을 표현할 수 있는 기회가 많이 주어지지 못했다. 이제 수업 방식이 변함에 따라 교사는 비주얼씽킹을 통해서 학생 스스로가 생각을 표현하고 자신의 잠재력을 꽃피울 수 있도록 도와줘야 한다. 체코슬로바키아의 교육학자인 코메니우스의《세계도회》[1]가 그랬던 것처럼 아이들은 그림을 좋아하고, 그림으로 제시된 것을 보며 즐거워하고 그 과정에서 성장한다. 그 곁에서 조금만 기다려주고 칭찬할 것을 찾아 용기를 주는 것이 교사에게 필요하겠다.

《교실 속 비주얼씽킹 실전편》은 비주얼씽킹 수업의 의미와 설계 과정, 낙서하기, 교과 통합 진로교육과 연계한 비주얼씽킹, 역사 비주얼씽킹, 환경+안전교육 비주얼씽킹, 프로젝트 기반 영어 비주얼씽킹, 인성교육 비주얼씽킹, 독

1.《세계도회》는 감각주의 교육의 창시자로 알려진 보헤미아(체코)의 J. A. 코메니우스가 지었다. 사물의 명칭을 그림으로 나타낸 최초의 교과서로서, 그림책의 시초라고 할 수 있다. _두산백과

서 토론 비주얼씽킹, 카드 활용 비주얼씽킹 등으로 구성되어 있다. 현장에 있는 교사들이 초·중·고 학생을 대상으로 실제 수업을 설계하며 고민했던 것들을 담았다. 교과, 창의적 체험 학습, 동아리 활동, 자유학기제 등에 활용 가능한 내용을 중심으로 구성하였으며 학교 현장에 맞게 재구성하여 활용하면 된다.

마지막으로 이 책의 출간을 위해 애써주신 비주얼러닝 연구회 및 비주얼러닝연구소 선생님들, 교사성장학교 바람의 학교, 작은 꿈을 담는 그릇, 대전 행복한수업코칭연구회, 행복한 아이들을 위해 소통하고 협력하며 나눔을 실천하고 있는 수곡중학교, 깨미동(깨끗한미디어를위한교사운동), 좋은교사, 협동학습, 수업 디자인 연구소, 늦은 시간까지 원고 작업에 응원을 보내준 공동 집필 가족들에게도 진심으로 감사의 말을 전한다. 《교실 속 비주얼씽킹 실전편》을 통해 보다 많은 아이들의 잠재력을 발견하고 칭찬할 수 있게 되기를 진심으로 바란다.

저자를 대표하여,

김해동

차례

2장 교과 통합 진로교육과 비주얼씽킹

3장 내가 만들어가는 역사 이야기

4장 지식을 넘어 진정한 배움이 되는 환경·안전교육

5장 프로젝트 기반 영어 비주얼씽킹 수업

6장 눈으로 배우고 손으로 익히는 인성교육

7장 '내'가 있는 독서 토론 비주얼씽킹

부록 비주얼씽킹 카드 & 활용

비주얼씽킹
수업 디자인과 활동

'정보가 한눈에 보이게 만든다.'

'노트 필기를 할 때 핵심 단어만을 요약해서 정리한다.'

일반적으로 보고서를 작성하거나 수업 내용 등을 필기할 때 활용되는 방법이지만, 이렇듯 요점만 간단히 정리하거나 번호를 붙여 짧게 정리한 것은 시간이 지난 후에 보게 되면 각각의 핵심 단어들 사이의 연관성을 이해하지 못하는 경우가 많다. 이때 필요한 것이 비주얼씽킹이다. 이를 통해 핵심 단어들을 서로 재구조화하고 의미를 부여함으로써 그 연관성을 이해하는 것이다.

비주얼씽킹은 수십 장에서 수백 장의 내용을 한 장의 글과 그림으로 표현하는 것이다. 그 과정에서 정보들을 필요한 것과 필요 없는 것으로 구분하고, 필요 없는 것들은 과감하게 빼는 과정을 거친다. 또한 한 장의 활동지에 비주얼씽킹을 하는 과정에서 사고의 증진을 가져오는데, 이로 인해 메타인지가 작동한다. 즉, 단기기억이 장기기억으로 전환되는 것이다.

우리 교사들에게도 비주얼씽킹은 필요하다. 교육 내용을 구성할 때 우리는 무엇인가 더하는(+) 작업은 많이 하게 되지만 빼는(-) 작업은 못한다. 이는 결국 학생들의 학습량 증가로 이어진다. 따라서 우리 교사들이 과감하게 빼는 작업들을 해야 학습자에게 자발적이고 능동적인 수업이 될 수 있다. 그렇게 함으로써 교사들은 학생들과 의미 있는 학습 내용을 나누게 되고 우선순위를 쉽게 정할 수 있게 되는 것이다. 이것이 교실 속 비주얼씽킹의 재구조화 과정이다.

'비주얼씽킹 수업'이라고 하면 단순하게 그림을 잘 그리는 수업이나 놀이 위주의 수업이라고 생각하는 경우가 많다. 또한 일부에서는 비주얼씽킹 수업을 '결과물을 만들기 위한 수업', '정리 단계에서만 필요한 수업' 등으로 오해하는 경우가 있다. 그러나 이는 비주얼씽킹에 대하여 잘못 이해하고 있는 것이다.

비주얼씽킹은 수업의 전 단계에 걸쳐서 사전에 철저하게 준비하고 구조화하여 수업을 진행해야 한다. 물론 수업 차시 중 활동의 일부분으로 활용해도 된다. 필자는 전 단계에 걸쳐서 철저하게 준비하는 것을 권장하며, 교실 속 비주얼씽킹에서 추구하는 방향은 다음과 같다.

첫째, 학생들의 자발적인 동기를 불러일으키는 방법의 하나이다. 비주얼씽킹을 하게 되면 보여지는 학생들의 가장 큰 변화 중의 하나가 관찰을 한다는 것이다. 많은 정보를 능동적으로 수용하기 위해서는 관찰이 필요한데, 비주얼씽킹을 함으로써 이 관찰 능력이 향상된다. 즉, 통찰을 하게 되는데 이 통찰은 관찰 없이는 불가능하다. 학생들의 능동적인 관찰은 그들의 내적 동기와 연계되어 수업에 능동적으로 참여할 수 있게 해준다.

둘째, 비주얼씽킹은 그림을 통해 언어 활용 능력을 확장시킨다. 영국의 미술 평론가이자 소설가인 존 버거는 "보는 것은 읽는 것 이전에 일어나며, 아이들은 말을 배우기 전에 바라보고 인식할 줄 안다"고 하였다. 더 나아가 비주얼씽킹 활동은 단순하게 그림으로만 표현하는 것이 아니라 글과 그림으로 표현하기 때문에 언어의 확장을 동시에 가져오게 된다. 예를 들면《교실 속 비주얼씽킹》의 활동에 소개되었던 '비주얼스토리 만들기' 활동에서는 이야기를 글로 작성을 한 후에 그림으로 표현하게 한다. 이후 심화 활동으로 모둠별로 자신의 작품에 대해서 이야기를 하고 다시 옆 사람에게 전달하여 줄거리를 이어서 작성하게 한다. 이러한 과정을 통하여 그림뿐만 아니라 언어의 발달도 함께 나타나는 현상을 발견할 수 있게 된다.

셋째, 지식을 재구조화하는 능력을 키운다. 형태주의 심리학에서는 문제 해결 상황을 재구조화하는 과정(restructuring process)으로 보았다. 예컨대 긴 관에 담긴 과일이 있는데 손을 넣지 못해 먹지 못하고 있다면 물을 넣어 과일이 떠오르게 재구조화해야 한다. 물을 하나의 도구로 이용해야 한다는 것이다. 미국의 교육학자 존 듀이 역시 경험을 재구성 또는 재조직한다는 것이 교육 자체이므로 '경험의 의미'를 더해주어야 한다고 주장했으며, 더 나아가 경험의 재구성 과정을 학습자가 스스로 메타적으로 인식할 수 있게 해줘야 한다고 강조했다.

수업에서 교과의 내용을 학생 스스로가 자기 것으로 만들어야 하는데, 이것을 재구조화할 때 필요한 방법이 비주얼씽킹이다. 비주얼씽킹 수업을 통해 학생들은 교과의 정보나 지식의 재구조화 방법을 자연스럽게 익히게 된다. 비주얼씽킹은 그림을 위한 수업이 아니라 교과나 정보에 대한 생각을 잘 표현하기 위한 방법이다.

넷째, 내적 동기를 일으켜 학생들의 자발적인 질문을 유도해 활발한 의사소통이 이루어지게 한다. 비주얼씽킹 작품을 통해 학생들은 궁금한 부분에 대한 확인을 위해 서로 질문을 자연스럽게 하게 된다. 기존의 수업은 질문을 구조화된 틀에 맞추어 하게 되는 데 비해 비주얼씽킹 수업에서는 좀 더 자유로운 분위기에서 자발적인 질문을 할 수 있도록 분위기를 조성할 수 있다.

다섯째, 서로의 작품을 공유하며 집단지성의 힘을 키우는 과정이다. 비주얼씽킹 작품을 통해 아이디어를 공유할 수 있게 되는데 작품을 교실 뒤 게시판에 붙이거나 바닥에 작품을 놓고 아이디어가 생길 때마다 메모지를 붙여서 좀 더 새로운 아이디어를 공유할 수 있다. 이를 통해 한 주제나 문제에 대해서 같이 고민하고 해결할 수 있는 집단지성의 힘이 키워지게 되는 것이다.

여섯째, 비주얼씽킹은 기억을 오래 남도록 한다. 독일의 심리학자 헤르만 에빙하우스의 '망각곡선 이론'에 의하면 우리가 무엇을 배우고 난 후 1시간이 지나면 56%를 잊어버린다고 한다. 맨 처음 단어 목록을 학습했을 때는 기억 보유량이 100%에 이르지만, 이후 9시간 동안 급격하게 망각이 일어나다가 어느 정도 시간이 경과하면 망각이 천천히 진행된다는 것이다. 그런데 우리는 학습하는 순간에 비주얼씽킹을 하기 때문에 그의 이론에 나오는 것보다 더 많이 기억할 수 있게 된다.

이렇게 기억을 오래 남게 하려면 학습한 내용을 어떻게든 밖으로 표출해야 한다. 기존이 텍스트 중심의 인출이었다면 비주얼씽킹은 학생들이 좋아하는 방식으로 표출하는 것이기 때문에 더욱더 오래 기억될 수 있는 것이다.

또한 비주얼씽킹을 통해 정보를 글과 그림으로 표현하는 것에 머무는 것이 아니라 이것을 토론하고 나누면서 학습에 대한 효과를 극대화할 수 있다. 학생들은 감정이 있는 기억과 일화에 대한 기억력이 뛰어나다는 여러 학자의 말처럼 참여형 학습 방법은 학습 중에 감정을 경험하며 일화적 기억들을 서로 공유하면서 오래 기억하게 한다.

일곱째, 비주얼씽킹은 반성적 사고와 메타인지적 사고를 반영한다. 메타인지란 자신의 생각(인지 과정)에 대하여 생각하는 것으로 자신의 인지에 대해 객관적으로 바라보고 판단하는 인지를 의미한다. 학생들은 교육 내용에 대한 것을 글과 그림으로 표현하는 비주얼씽킹을 통해 이를 다른 사람에게 설명함으로써 내가 아는 것과 모르는 것을 분명하게 구분하게 된다. 자신의 강점, 약점 등을 명확하게 알게 되는 것이다.

비주얼씽킹
수업 방향

비주얼씽킹 수업은 수평적 관계 지향과 학생들이 즐거운 수업을 그 목적으로 하며, 수업 방향은 다음과 같다.

첫째, 학습자를 존중한다. 비주얼씽킹에서 교사는 학습자를 존중하는 마음을 바탕으로 학생들이 활동에 잘 참여하도록 하는 역할(조력자)을 하면 된다. 독일의 교육학자 힐베르트 마이어는 학습을 촉진하는 분위기는 '상호 존중, 규칙의 준수, 책임의 공유, 개별 학생과 학습 집단 전체에 대한 교사의 공정한 태도, 교사의 학생에 대한, 그리고 학생들 서로 간의 배려'라고 하였다. 이처럼 비주얼씽킹 수업에서는 학습자에 대한 존중을 바탕으로 규칙을 준수하고 책임을 공유해야 한다.

둘째, 교사는 수업 전에 충분한 준비가 필요하다. 비주얼씽킹에서는 동적인 활동이 많기 때문에 학생들의 동선이나 환경에 대한 준비를 충분히 해야 한다. 예를 들면 학생들이 교실 뒤 게시판에 작품을 전시할 때 교사는 학생들이 자유롭게 의자에서 일어날 수 있는 분위기를 조성하고 이동 경로를 예상하여 큰 혼란 없이 학생들이 게시판에 자유롭게 작품을 붙이고 감상할 수 있는 환경을 준비해야 한다.

셋째, 모둠 활동에서 모든 학생이 동등하게 참여하도록 유도해야 한다. 모둠 활동에서 학생이 소외되지 않고 동등하게 참여할 수 있도록 하며 모둠에서 소수의 의견이 무시되지 않도록 장치를 마련해야 한다. 방법은 다음과 같다.

- 모둠원들이 돌아가면서 비주얼씽킹하기
- 게시판에 붙여놓은 작품을 감상할 때 피드백이 없거나 메모지가 없는 학생 작품에 메모지 붙여주기
- 소수의 의견을 먼저 발표할 수 있도록 순서를 조정하기
- 소수의 의견을 '아이디어 통장(소수의 의견을 정리하여 기록하는 방식이다. 통장처럼 저장한 날짜와 이름, 내용을 작성하면 된다)'에 보관하고서 다시 꺼내어 사용하기
- 언제든지 의견을 공유할 수 있도록 게시판 벽면 구성하기

이러한 내용은 아는 것만큼 실천하는 것이 중요하다. 알고 있지만 행하지 않으면 아무 소용이 없다. 교사는 학생들이 언제든지 의견을 제시할 수 있도록 소수의 의견도 중요하게 생각한다는 것을 마음속 깊은 곳에서부터 꺼내 행동으로 보여주어야 한다.

교실 속에서 비주얼씽킹 수업을 할 때는 환경을 잘 구성해야 하는데 비주얼씽킹은 강의식 수업보다는 모둠 활동을 통한 학습 방법을 지향한다. 특히 4인 1모둠의 좌석 배치를 통해서 학생들이 자유롭게 생각을 표현할 수 있는 환경을 구성해야 한다.

첫째, 4인 1모둠 또는 6인 1모둠의 형식을 구성한다. 학교에서 학생들이 활동하기에는 4인 1모둠이 적절하며, 환경에 따라서는 6인 1모둠 활동을 한다.

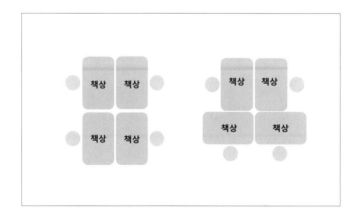

둘째, 교실 뒤 게시판을 교수 학습의 공간으로 적극 활용한다. 게시판은 초·중·고에 따라 다르게 운영하고 있지만 특히 초등학교의 경우는 환경 미화로 그곳을 활용하거나 학생들의 작품을 게시하는 경우가 많다. 이러한 것들을 더 확장할 필요가 있다. 예를 들면 교실 뒤 게시판에 비주얼씽킹 작품을 붙여놓고 아이디어가 생길 때마다 포스트잇 또는 메모지를 이용하여 표현할 수 있도록 공간을 제공하는 것이다.

셋째, 학생들이 자유롭게 이동할 수 있는 공간을 마련한다. 학생들이 책상을 붙여놓게 되면 이동 공간이 부족해지는 경우가 있다. 이럴 때 교사는 미리 학생들의 동선을 파악하여 자유롭게 이동할 수 있도록 공간을 꼭 확보해야 한다.

넷째, 감상할 작품을 한곳에 모으기보다는 두세 곳의 공간을 확보하여 자연스럽게 작품을 감상하고 아이디어를 공유할 수 있도록 구성한다. 학생들이 교실을 자유롭게 이동하면서 아이디어가 떠오를 때마다 바로 표현하고 서로 칭찬할 수 있는 장소를 구조적으로 제공하는 것이 필요하다.

다섯째, 학생들의 활동 시 교사는 모둠의 활동을 지켜보면서 도움이 필요한 학생들을 지원해야 한다. 교과 내용을 정확하게 이해하는 경우가 있는 반면, 그렇지 못하고 문제 상황에 부딪혀 어려움을 호소하는 학생들도 있기 때문이다. 교사는 학생들이 문제 해결을 할 수 있도록 발판을 마련해주어야 한다.

여섯째, 재료를 잘 갖추어야 한다. 재료는 포스트잇, 종이, 네임펜, 강조할 수 있는 색이 있는 펜 등이 필요하다. 이 중에서 꼭 필요한 것은 '포스트잇+펜+종이'이다. 메모지는 생각을 발산하거나 수렴하는 데 유용한 도구이다. 발산한 메모지를 묶기, 순서 바꾸기 등을 통해서 하나의 프로세서를 만들 수가 있기 때문이다.

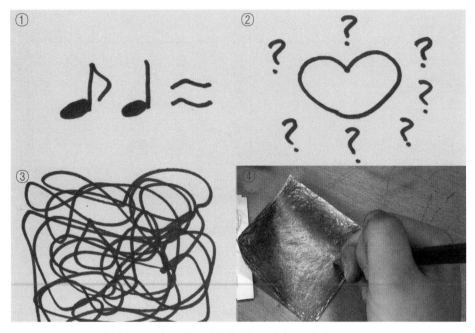

① 기분이 좋다 ② 다른 사람이 나를 사랑하고 있을까?
③ 내 머릿속은 복잡하다 ④ 아빠에게 혼이 나서 기분이 안 좋다

　위의 그림은 나의 마음 표현하기 활동이다. 나의 마음을 편안하게 선과 도형을 이용하여 표현하는 것으로, 마음을 글과 그림으로 표현하라고 하면 많은 학생들이 망설이고 두려워한다. 그럴 때 망쳐진 비주얼씽킹 작품을 보여주면 주저하고 난감해하던 학생들도 도전할 수 있는 마음을 갖게 된다. 마음 표현하기 활동의 목적은 그림에 대한 부담감을 내려놓고 모둠원들이 서로 편하게 자신의 마음을 이야기할 수 있도록 하는 것이다. 이 활동을 통해 학생들은 또래 친구와 마음을 열게 되고 이를 통해 교사는 학생들의 내면을 살필 수 있게 된다.

　비주얼씽킹 연수나 수업을 통해서 발견한 것이 있는데, 선생님과 학생들은 단서가 제공되면 창의적인 표현을 잘한다는 것이다. 가령 두 개의 원으로 떠오르는 것을 생각해보라고 하면 학생들의 일상적인 생활 이야기가 나온다. 이 활동을 통해 학생들이 자신이 필요한 물건, 경험했던 것, 좋아하는 것들을 자연스럽게 표현하는 것을 확인할 수 있었다.

원 두 개로 떠오르는 것 표현하기

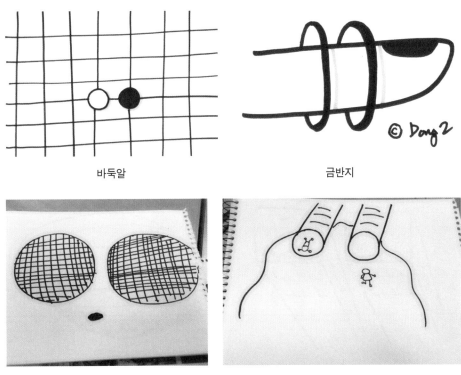

바둑알　　　　　　　　　　　　금반지

곤충의 눈　　　　　　　　　　　워터슬라이드

원 두 개로 떠오르는 것 표현하기

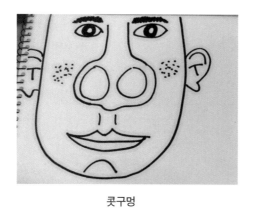

콧구멍

눈 표현

세모 두 개로 떠오르는 것 표현하기

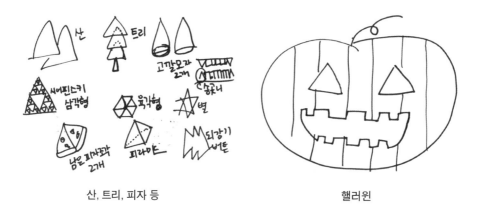

산, 트리, 피자 등

핼러윈

네모 두 개로 떠오르는 것 표현하기

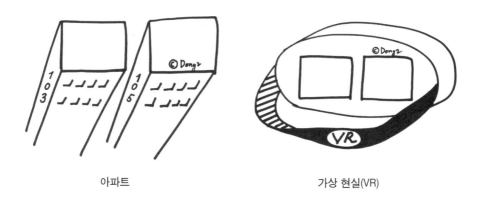

아파트

가상 현실(VR)

07 숨은그림찾기
(유추하기)

visual thinking

비주얼씽킹에서 중요한 부분이 유추하기이다. 우리는 심리학적으로 안 보이는 부분을 보려고 하는 특성이 있다. 즉, 생략되어 있는 부분을 연결하여 보려고 한다.

자, 그럼 아래의 버스를 살펴보고 문제를 맞혀보자.

'버스는 어느 방향으로 향하고 있을까요?'

이 문제는 초등학교 4학년 수학 교과서에 나오는 문제이다. 문제의 정답은 왼쪽이다. 이유는 버스의 출입문이 보이면 오른쪽이지만 버스의 출입문이 보이지 않기 때문에 왼쪽을 향하고 있는 것이다. 이렇게 우리는 비주얼적인 요소들을 일상생활 속에서 이용하고 있다.

다음은 도형에 대한 설명이다. 내용을 잘 읽어보고 맞춰보도록 하자.

텍스트

공간 위의 네 점을 차례로 선분으로 연결한 네 개의 선분으로 둘러싸인 도형이다. 이때 네 점 중 평면 위의 어느 세 점도 일직선 위에 있지 않아야 한다.

이처럼 텍스트만 주어졌을 때 우리는 머릿속으로 상상하게 된다. 그림을 그리지 않을 수 없다. 자, 그럼 비주얼로만 보자. '사각형'. 그런데 "사각형의 정의가 무엇이지?"라는 물음에 정확하게 대답하는 사람은 몇 명 되지 않는다.

비주얼

텍스트 + 비주얼이 합쳐지면 어떨까?

설명은 풍부해지고 입체적으로 된다. 즉, 이해하기 쉽게 되는 것이다.

> 사각형(quadrangle) : 공간 위의 네 점을 차례로 선분으로 연결한 네 개의 선분으로 둘러싸인 도형이다. 이때 네 점 중 평면 위의 어느 세 점도 일직선 위에 있지 않아야 한다.

위의 예시는 '비주얼'로만 표현한 것과 '비주얼+텍스트'를 함께 표현한 것이다. 비주얼로 표현한 것과 텍스트로 표현한 것은 정보의 왜곡이나 오류를 발생시킬 확률이 높다. 그러나 비주얼과 텍스트가 함께 있으면 정보의 왜곡이나 오류가 확실하게 줄어든다. 비주얼과 텍스트가 정보의 부족한 부분을 상호 보완하고 있기 때문이다. 이처럼 글과 그림이 함께 표현될 때 전달력은 크게 향상된다.

젠탱글(Zentangle)이란 zen(선, 禪)+tangle(어지럽게 얽힌 선, 線)의 합성어이다. 젠탱글 역시 일종의 낙서이다. 젠탱글은 드로잉을 통해 집중력을 길러주고 마음을 편안하게 해준다.

카페에서 친구를 기다리거나 카페의 휴지에다가 끄적거림을 하는 것이 바로 젠탱글이다. 젠탱글은 '망했다', '실패한다'라는 것이 없다. 내 생각처럼 표현이 안 되면 그냥 까맣게 칠해버리면 의도치 않게 멋지게 표현된 결과물을 확인할 수도 있다. 이 젠탱글을 하게 되면 시간이 저절로 흐르게 되고 마음이 편안해짐을 느낄 수 있다. 젠탱글을 표현하는 방법은 첫째, 외곽선을 그리고, 둘째, 부분을 나누고, 셋째, 안에 원하는 패턴을 정하고 표현한 후, 마지막으로 필요한 부분에 명암을 넣으면 된다.

기본 패턴

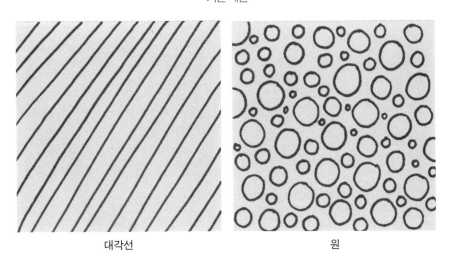

대각선   원

소용돌이

알

사다리

나비

젠탱글로 표현한 마을

09 친구
인터뷰하기

친구 인터뷰는 학생들이 감정을 서로 공유하고 친구에 대해서 깊게 알아보는 활동이다. 친구 소개하는 활동은 교과서에도 있으나 학생들이 비주얼씽킹으로 친구 인터뷰를 하고 나서 친구가 좋아하는 것과 존경하는 인물 등에 대해서 더 잘 알게 되었다고 한다.

학생1 : 제일 친한 친구인데. 친구가 좋아하는 것을 오늘에서야 알게 되었어요.
학생2 : 아, 네가 좋아하는 것이 이거였구나!

친구 소개하기 활동을 통해 좀 더 자신을 솔직하게
표현하게 되고 궁금한 것은 질문하게 된다.

특기와 취미는 피아노, 가장 기억에 남는 일은 말레이시아 여행이다.
재미있게 읽은 책은 《마법의 설탕 두 조각》, 앞으로 하고 싶은 일은 해외여행(미국) 등이다.

취미는 드라마 보기, 가장 기억에 남는 일은 영어 시험, 수학 시험, 안경 착용하게 된 것이다.
재미있게 읽은 책은 《황금 깃털》, 《통조림에서 나온 소인들》, 앞으로 하고 싶은 일은 돈 많은 백수다.

나의 수업
알아보기

　나의 수업에 대한 고민들이 있을 때 이러한 것들을 정리하는 과정이 필요하다. 나의 강점과 단점이 무엇인지, 그리고 내가 좋아하고 흥미로워하는 부분이 무엇인지 살펴볼 필요가 있는 것이다. 여러 방법 중에 창의력 전문가 에드워드 보노의 PMI 기법을 사용해보자. 간단하게 Plus(긍정적인 면), Minus(부정적인 면), Interest(흥미로운 면) 위주로 살펴보게 되는데, 특히 자신의 내면을 다시 돌아볼 수 있어서 굉장히 유용하다. PMI를 통해 확인하고자 했던 것은 교사로서의 자신이 흥미로워하는 부분을 찾아 수업에 적용하려고 했던 부분이다. 교사로서 정말 좋아하는 수업을 더 잘하고 발전시키기 위한 노력이 엿보였다.

에드워드 보노의 PMI 기법을 통하여 자신의 내면을 돌아보는 기회를 가질 수 있다.

나만의 수업 목표
세우기

수업을 잘하기 위해서는 나를 먼저 돌아보고, 그 이후에 '수업 관련 도서 함께 나누기', '나의 수업 촬영하기', '교사 연구회 적극적으로 참여하기', '학습공동체 참여하기', '나의 수업 변화 주기' 등의 활동이 필요하다. 이러한 활동 등을 바탕으로 내 수업을 바꾸어볼 수 있다. 내 수업을 바꾸는 데는 작은 변화만으로도 충분하다.

김해동(2017), 교실 속 비주얼씽킹

---

1. 학생들의 질문에 관심을 갖자.
2. 긍정적인 피드백을 하도록 하자.
3. 정보에 대해 비판적으로 분석하도록 한다.
4. 비판만 하는 것이 아니라 적절한 대안을 제시하도록 한다.
5. 다양한 학습 경험을 하도록 한다.

나만의 수업 목표 5가지

1	
2	
3	
4	
5	

비주얼
학습지의 특성

교사들이 직접 제작한 비주얼 학습지는 교사의 입장에서 볼 때는 '교육과정 재구성의 결과물'이므로 학생들과 함께하는 수업에서 의미와 재미를 함께 줄 수 있는 학습지를 제작한다면 학생들에게는 매우 유용하겠다. 그러기 위해서는 비주얼 학습지의 특성을 이해하는 것이 필요한데 그 특성은 다음과 같다.

첫째, 비주얼 학습지는 학생들에게 능동적인 관찰이 일어나게 한다. 텍스트 중심의 학습지는 학생들에게 부담스럽거나 거부감을 주게 되는 반면, 비주얼 학습지를 통해 호기심을 갖고 적극적으로 관찰하여 탐색이 이루어진다.

둘째, 비주얼 학습지는 성장 과정을 학생과 교사가 함께 확인할 수 있다. 교사는 학생들이 교과 내용을 이해하고 있는지 비주얼씽킹한 내용을 중심으로 중간에 확인할 수 있으며, 또한 학생이 어떠한 생각으로 그러한 표현을 했는지 질문해줌으로써 학생 스스로가 생각을 정리할 수 있도록 환경을 조성하게 된다.

셋째, 비주얼 학습지 평가는 타당성이 높다. 학습 내용과 학습지에 수집된 증거가 관련되어 글과 그림으로 확인하기 때문에 타당도는 더 높아진다.

넷째, 비주얼 학습지는 교수 학습을 위한 목표가 분명하다. 학생들이 차시 내 교육 목표를 확인하고, 학습지 안의 활동 목표와 내용을 확인한 후 활동하기 때문에 목표가 분명하고 활동이 구체적으로 이루어진다.

다섯째, 비주얼 학습지는 창의성 향상에 도움을 준다. 비주얼 학습지는 답만을 작성하는 것이 아니라 학생 스스로가 정보를 수집하여 자신의 것으로 재구조화한 것을 표현하는 것이기 때문에 비주얼 학습지 결과물이 같을 수가 없다. 학생들은 학습지 안에서 정보의 빈틈을 스스로 채워야 하기 때문에 창의적인 생각을 비주얼씽킹으로 표현하게 된다.

여섯째, 비주얼 학습지는 자발적인 질문을 하게 한다. 비주얼 학습지로 학습 활동을 하면서 또래의 비주얼씽킹 내용이 자연스럽게 궁금해지면서 자발적인 질문이 나타나게 된다. 이는 또래들과의 정보의 공유와 소통으로 이어지게 된다.

일곱째, 나이스 입력에 활용할 수 있다. 비주얼씽킹 학습지 결과물을 가지고 나이스나 성장 기록에 입력할 수 있다. 또한 학생들끼리 서로 상호 평가한 내용을 바탕으로 나이스에 입력할 수도 있다.

한 주제 또는 차시에 대해서 교사들이 함께 모여 학습지를 제작하게 되면 정말 다양한 아이디어를 공유할 수 있게 된다. 기존의 텍스트 중심의 학습지는 문제를 해결하는 데 어렵거나 재미가 없지만, 비주얼 학습지를 제작하게 되면 서로가 궁금한 것이 생기게 되어 자연스럽게 이야기하게 된다. 이렇듯 교사들이 함께 작업을 하면 한 주제로 다양한 학습지가 만들어지게 되는데, 학습지를 공유하는 활동을 통해 서로 좋은 아이디어를 나누며 그 과정에서 성취감도 느낄 수 있게 된다.

비주얼 학습지 만들기

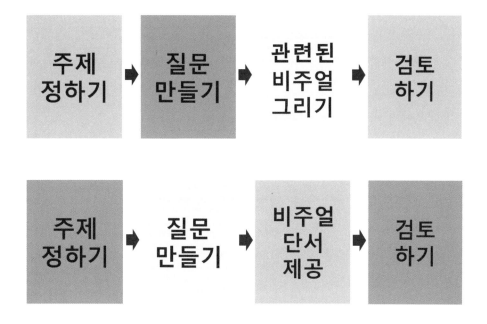

주제 정하기 → 질문 만들기 → 관련된 비주얼 그리기 → 검토 하기

주제 정하기 → 질문 만들기 → 비주얼 단서 제공 → 검토 하기

비주얼 학습지 만들기 과정은 '주제 정하기 → 질문 만들기 → 관련된 비주얼 그리기 → 검토하기', 또는 '주제 정하기 → 질문 만들기 → 비주얼 단서 제공 → 검토하기'의 순으로 이루어진다. 이 두 과정은 '비주얼(그림)을 제공할 것인가?' 아니면 '비주얼(그림)을 학생들이 직접 그리게 할 것인가?'에 대한 차이만 있을 뿐이다.

첫째, 주제를 정한다. 차시나 단원의 핵심 내용을 중심으로 주제를 정하면 된다. 예를 들면 차시에 대한 목표를 중심으로 작성하면 되겠다.

둘째, 질문을 만든다. 질문은 구체적으로 핵심 내용이 들어가 답이 자연스럽게 나오는 질문이 있을 수 있으며, 다른 한편으로는 학생들이 창의적인 생각을 자유롭게 표현할 수 있도록 하는 질문이 있겠다. 질문을 통해 학습 내용을 자연스럽게 익히고 학생 스스로가 학습 내용을 재구조화할 수 있도록 한다.

셋째, 비주얼 단서를 제공한다. 학생들에게 간단한 선이나 도형이 주어지면 비주얼씽킹 활동을 하는 데 도움이 되나 그렇지 않으면 생각하는 데 어려움을 겪는 경우가 많다. 이때 교사가 친절하게 단서나 도형을 제공해주면 학생들이 생각을 보다 잘할 수 있게 도움이 된다. '비주얼을 제시하고 문제를 해결하게 할 것인가?' 또는 '텍스트를 주고 비주얼로 표현하게 할 것인가?' 두 가지 방법 중에 내용에 맞게 선택하면 된다.

넷째, 검토한다. 학습지의 내용을 직접 교사가 풀어보거나 다른 학생을 통해서 내용을 검토하는 것이 좋다. 그렇지 않으면 학생들이 학습지의 내용을 이해하지 못하거나 학습 내용을 생각하지 못하고 수업에 흥미를 잃을 수도 있다. 교사의 입장만 생각할 것이 아니라 꼭 학생의 입장에서 검토해야 한다.

비주얼 학습지 만들 때
고려할 점

visual thinking

비주얼 학습지는 학생들에게 시험에 대한 두려움을 줄여주고 창의력과 상상력을 발휘할 수 있게 해준다. 교사 입장에서는 비주얼 학습지 활동을 통해 학생과 상호 작용할 기회를 갖게 되고, 학생의 활동 과정 관찰 및 학생의 성장을 확인하게 된다. 여기서 중요한 것은 교사가 학생들의 평가자로만 있는 것이 아니라 학생들의 조력자로서 도와주는 역할을 한다는 것이다. 또한 교사 스스로가 학생들의 결과물을 통해 수업에 대한 성찰을 할 수 있다. 비주얼 학습지 만들 때 고려할 점는 다음과 같다.

첫째, 비주얼 학습지를 통해 수업을 진행할 때에는 시간에 대한 안배가 중요하다. 자칫 수업 시간을 넘기게 되거나 과제로 제시하게 되면 학생들은 이를 또 하나의 과제로 생각하게 된다. 그리고 이것이 비주얼씽킹 수업의 실패로 이어지게 된다.

둘째, 비주얼 학습지에 어떤 단서를 줄 것인가에 대해서 고민하고 작성한다. 비주얼 학습지는 학생들에게 흥미를 불러일으킬 수 있지만 단서를 잘못 제공해주면 학습 목표에 도달하지 못하고 흥미 위주의 학습지로 전락할 수 있다.

셋째, 학습자의 경험에 적합한 내용인지 확인한다. 학습자의 경험과 동떨어지는 내용은 비주얼 학습지에 대한 흥미를 잃게 만든다.

넷째, 비주얼 학습지가 내용과 적절한 레이아웃으로 제작되었는지 확인한다. 내용과 레이아웃이 조화롭지 못하면 학습자가 혼란에 빠질 수 있다. 일반적인 과정의 순서는 《교실 속 비주얼씽킹》 책에 있는 '시간 흐름형'으로 나타내면 된다.

　다섯째, 비주얼 학습지를 통해 학습 목표에 도달할 수 있는지 사전에 테스트를 꼭 해야 한다. 그렇지 않으면 학습 목표에 도달하지 못하는 경우가 있기 때문이다. 사전 테스트를 하게 되면 비주얼 학습지를 통해 학습 목표에 쉽게 도달할 수 있다.

　여섯째, 비주얼 학습지를 통해 학습자가 학습 내용을 쉽게 이해하고 설명할 수 있도록 보편적으로 제작되었는지 유의해야 한다.

비주얼 지도안
작성하기

초등 4학년 과학의 '여러 가지 한살이 비교하기' 수업 지도안이다. 학습 목표와 동기 유발, 활동1, 활동2, 활동3, 정리하기를 순서에 따라 표현하고 있다. 기존의 학습 지도안과 함께 비주얼 지도안을 제시하면 좀 더 쉽게 수업이 가능하다.

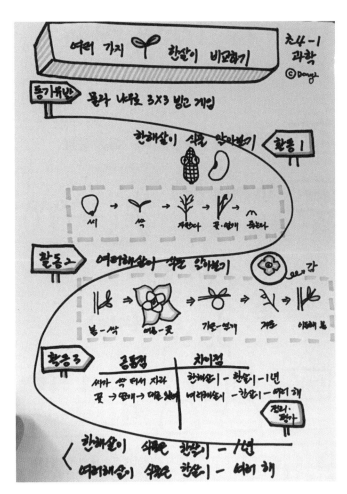

'여러 가지 한살이 비교하기' 수업 지도안

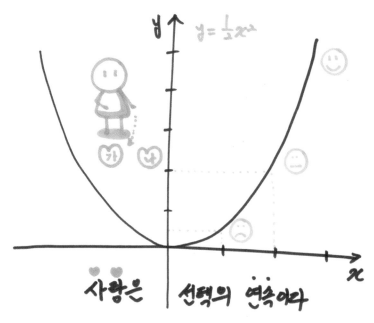

교과목과 연계한 스토리 만들기 : 2차함수를 스토리와 함께 만들었다.

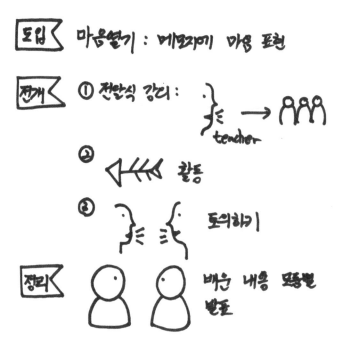

도입, 전개, 정리를 간단하게 표현하였다. 이렇게 간단하게 표현을 하게 되면 급하게 수업을 하게 되거나 다른 선생님의 수업을 대신하게 될 때 도움이 된다.

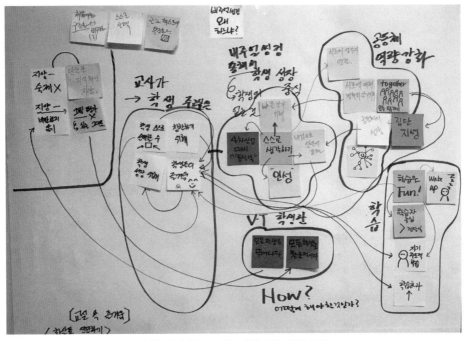

'비주얼씽킹을 왜 하는가'에 대한 생각 공유

"비주얼씽킹은 왜 하는가?"

이러한 물음에 비주얼러닝 연구소에서는 수많은 논의를 통하여 나름의 결론을 정리하였는데, 그것은 "비주얼씽킹을 통하여 학생들에게 즐거움을 돌려주자"라는 것이다. 선생님들은 학생들이 수업 시간에 조는 것을 방지하기 위해서, 자기주도적인 학습을 위해서, 스스로 생각하는 힘을 기르도록 하기 위해서라고 생각했지만, 비주얼씽킹의 최종 목표는 '학생들에게 즐거움을 주기 위해서'라는 것이다.

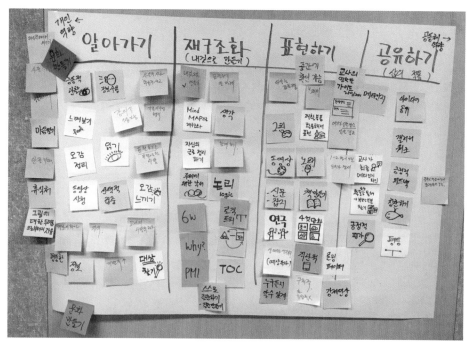

비주얼씽킹 수업 과정

비주얼씽킹은 문화 만들기, 공유하기를 중요하게 생각한다. 문화 만들기에는 마음 열기, 그림에 대한 두려움으로부터의 자유, 휴식처, 수평적 관계, 공동체 세우기, 평등의 내용들이 포함된다.

비주얼씽킹 수업에서 학생들은 어려운 문제를 접했을 때 쉽게 포기하지 않으며, 각자의 역량을 통해 도전하고, 실패해도 좌절하지 않을 수 있다는 믿음을 가져야 한다. 또한 선생님은 원만한 수업 진행을 위하여 학생들의 의견에 귀 기울이며, 조금이라도 소외되지 않고 함께 어려움을 헤쳐 나갈 수 있는 공동체가 될 수 있도록 평등과 존중, 공유의 문화가 조성되도록 노력해야 한다. 이 과정에서 학생들은 자유롭게 대화하고, 소통하며 서로 간의 아이디어를 공유하는 가운데 즐거움을 느끼게 된다.

다만 비주얼씽킹 수업 중 무조건적인 비판, 숙제로 제시, 단순하게 지식만 확인, 그림만 평가하는 것은 지양되어야 할 것이다.

비주얼씽킹 수업 설계 과정

문화 만들기	알아가기	내 것 만들기 (재구조화)	표현하기	공유하기
개인+공동체+ 사회	← 개인 역량			공동체 역량 →
- 마음 열기 - 그림에 대한 두려움으로 부터의 자유 - 휴식처 - 수평적 관계 - 공동체 세우기 - 평등	- 정보 수용 - 능동적 관찰 - 사실적 사고 - 추론적 사고 - 느껴보기 - 오감 - 읽기 - 선택적 집중 - 지식 - 정보 - 기존의 수업 방식	- 내 것으로 만들기 - 표현하기 전 단계 - 마인드맵 재구조화 - 생각하기 - 주제에 관한 낙서 - 논리 - 6W - Why? - 로직트리 - 스스로 질문하기 - PMI	- 중간에 학생의 이해 확인 가능 - 그림 - 동영상 - 노래 - 신문과 잡지 - 책 만들기 - 연극 - 4컷 만화 - 직관적 - 롤링 페이퍼 - 누구든지 알 수 있게 구체적 표현 - 교사의 명확한 가이드 라인 제시 - 공적 장소임을 강조	- 메타인지 - 아이디어 공유 - 갤러리 워크 - 교사가 최종으로 메타인지 확인 - 긍정적 피드백 - 칭찬하기 - 긍정적 평가 - 평등 - 공유 활동을 통한 부족한 부분 찾기

교과 통합 진로교육과
비주얼씽킹

교과 통합 진로교육과 연계한
비주얼씽킹

오늘날의 진로교육은 과거 직업교육의 범위 그 이상의 개념을 포괄하고 있다. 즉, 현명한 진로 선택과 진로 발달을 통하여 생산적인 사회 구성원은 물론 행복한 개인으로서의 삶을 살 수 있도록 돕는 교육과정을 의미한다.[1] 따라서 학교에서 실시하는 대부분의 교육이 진로교육의 목표와 부합한다고 해도 과언이 아니다.

특히 초등학교의 진로교육은 자신과 일에 대한 이해와 긍정적 가치를 형성하고 다양한 진로 탐색과 체험을 바탕으로, 자신의 꿈을 찾고 진로를 설계할 수 있는 진로개발 역량의 기초를 배양하는 데 그 목표가 있다.[2] 이런 의미에서 비주얼씽킹은 자신의 생각을 글과 그림으로 표현하고 상대방과 공감하면서 자신의 진로개발 역량을 성장시키는 데 효과적인 교육 방법이다. 더구나 색칠을 힘들어하고 아직 완벽한 글쓰기에 익숙하지 않은 초등학생을 위한 최적의 교육 방법이라고 할 수 있다.

교과 요소와 진로 요소를 동시에 만족하는 교과 통합 진로교육 연계 비주얼씽킹 수업을 시작하기에 앞서 다음의 네 가지를 먼저 생각해보자.

첫째, 잘 그린 그림이어야 한다는 고정 관념을 버리자. 비주얼씽킹은 수업을 효과적으로 할 수 있는 교육 방법 중 하나이지 그것 자체를 목적으로 삼아서는 안 된다. 즉, 잘 그리고 꾸미는 미술 디자인 활동이라는 생각을 버려야 한다.

---

1. 〈쉽게 바로 쓰는 진로교육〉, 인천원격교육연수원, 2017
2. 〈학교 진로교육 목표와 성취 기준〉, 교육부, 2015

둘째, 학생의 있는 그대로의 표현을 존중하자. 정확하지 않거나 선이 찌그러졌거나 대상의 특징을 살려내지 못해도 학생들의 표현 방법을 존중하고 있는 그대로 바라보는 자세가 필요하다.

셋째, 익숙해질 때까지 기다리자. 비주얼씽킹 그림 그리는 방법을 충분히 안내하고 시작하더라도 기존에 그려왔던 익숙한 그림 형태가 아니기 때문에 처음에는 무슨 그림인지 못 알아보는 경우가 종종 생긴다. 교사가 충분히 수차례 시범을 보이면서 차츰 여러 활동을 하게 되면 학생들도 자신만의 특색 있는 단순화된 그림을 글과 함께 빠르게 표현하게 된다.

넷째, 초등학생의 특성을 개성으로 바꾸자. 사고나 표현 방식이 어른과는 매우 다르므로 더욱 창의적인 결과물이 나올 수 있다. 그 결과물을 통해 교사 또한 함께 배우고 성장하게 된다. 어리기 때문에 나타나는 독창적인, 때론 다소 독특한 사고의 틀을 개성 있는 비주얼씽킹 활동으로 적용한다면 이것이 진로 개발 역량을 배양하는 데 원동력이 될 수 있다.

자, 이제 초등학교 교과 통합 진로교육을 위한 비주얼씽킹을 시작해보자.

미래의 나를 표현하는
흉내 내는 말 꾸미기

visual thinking

---

1. 제목 : 손가락 도장 그림으로 미래의 나를 표현하는 흉내 내는 말 꾸미기

2. 수업의 의도
저학년 학생들은 대상을 단순화하는 것을 어려워하고 반복되는 활동 또한 쉽게 지루해한다. 따라서 미술 활동과 접목한 활동, 즉 손가락을 사용한 도장 찍기 놀이를 진로 수업에 적용해보고자 한다.

3. 수업 개요
가. 단원 : [국어-미술 재구성] 국어-나 6. 문장을 바르게
나. 수업 목표 : 미래의 나를 표현하는 흉내 내는 말에 대하여 알 수 있다.
다. 교수·학습 방법 및 지도상의 유의점
  - 이 차시는 대상의 형태를 간단하게 나타내는 것을 어려워하는 초등학생들의 특성에 따라 국어와 미술의 융합 활동으로 재구성해보았다. 따라서 손가락 도장을 찍으며 재미있는 모습을 표현하되, 단순히 표현만으로 그치게 해서는 안 된다. 흉내 내는 말의 상황이 손가락 도장을 활용한 그림으로 제시되어 학생들이 그 말을 잘 이해하고 있는지에 대해서도 확인해 자연스럽게 평가로 이어져야 한다.

---

4. 국어과 본시 수업 지도안
도입
- 다양한 상황을 그림으로 보거나 노래를 듣고 흉내 내는 말 찾기

전개
- 대상의 소리나 모양 등을 표현하는 말이 흉내 내는 말임을 알기
- 손가락 도장 그림 맛보기
- 다양한 상황을 생각하고 자유롭게 손가락으로 도장을 찍고 표현해보기
- 모둠별로 손가락 도장 그림에 대하여 이야기 나누기
- 탐색 활동이 끝나면 손가락 도장 그림을 통해 미래의 나를 표현하는 흉내 내는 말 알아보기

정리
- 내가 생각한 말을 친구들 앞에서 발표하기
- 서로 의견 나누고 공감하기

5. 수업 활동 결과물

손가락 그림 탐색 활동 (사전 활동)	활동 모습
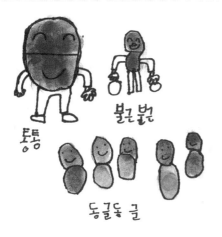	

※ 미래의 내 모습을 표현할 수 있는 흉내 내는 말을 손가락 도장 그림으로 꾸며 봅시다.

6. 수업 후 성찰	– 일부 학생은 손가락에 인주를 묻히며 찍는 놀이 자체에만 빠질 수 있다. – 저학년 학생은 손가락에 묻은 인주를 관리하는 것이 어려워 활동지 전체를 빨갛게 칠할 수 있다. (충분한 사전 탐색과 주의가 필요함) – 옷이나 얼굴에 묻지 않게 조심하도록 안내해야 한다. – 비주얼씽킹을 위한 표현 방법의 도구를 단지 연필이나 펜으로만 제시하는 것이 아니라 해당 학년 특성에 맞도록 구체적 조작 활동을 통하여 표현할 수 있도록 안내하는 자세도 필요하다.
7. 기타	– 인주가 학생들 손 전체에 가득 묻었을 땐 물티슈는 소용이 없으며 비누로 거품을 가득 낸 후 따뜻한 물로 닦아야 깨끗하게 사라진다. – 파란색 잉크 스탬프보다 일반적으로 학교에서 쓰는 빨간색 인주가 더 잘 닦이며 네임펜을 사용할 때에도 더 잘 보인다. 〈잉크 스탬프와 인주의 차이 비교〉  

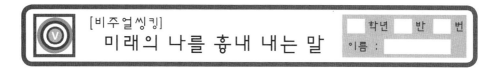

[비주얼씽킹]
미래의 나를 흉내 내는 말

학년   반   번
이름 :

※ 미래의 내 모습을 표현할 수 있는 흉내 내는 말을 손가락 도장 그림으로 꾸며봅시다.

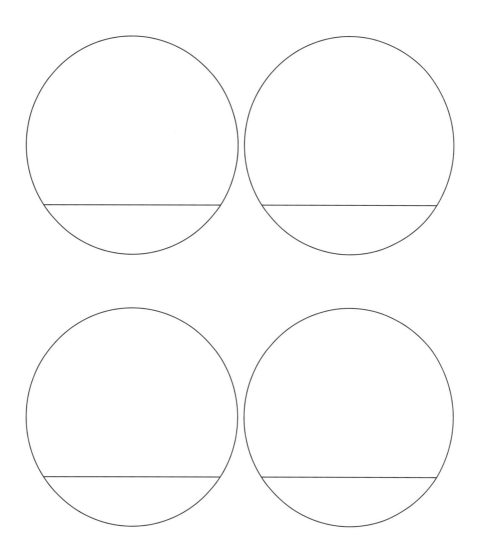

03 동그라미 스티커를 활용하여
나의 장점 찾기

visual thinking

1. 제목 : 동그라미 스티커를 활용하여 나의 장점 찾기

2. 수업의 의도
　직접 만지고 붙이는 활동을 좋아하는 구체적 조작기의 학생들은 수업 중 교과서의 붙임 딱지 활동을 매우 좋아한다. 따라서 나의 장점을 찾는 진로 수업에도 재미있게 붙일 수 있는 스티커를 활용해보고자 한다.

3. 수업 개요
　가. 단원 : 창의적 체험 활동 - 진로 활동
　나. 수업 목표 : [자아 이해] 나의 장점을 알 수 있다.
　다. 교수·학습 방법 및 지도상의 유의점
　　– 진로교육의 가장 기본적인 단계인 자아 이해 단계에서는 자기 자신을 소중하게 생각하고 자신의 장점을 알고 있는지 생각해보는 활동이 중요하다. 따라서 자칫 스티커를 붙이는 활동 자체가 주 활동이 되어서는 안 된다.

4. 본시 수업 지도안
　도입
　– 친구의 장점 찾아 칭찬하기

　전개
　– 친구들에게 들은 나의 장점 생각하기
　– 스스로 자신의 장점을 찾기
　– 스티커를 활용해 자신의 장점을 그림으로 꾸며서 표현하기

　정리
　– 모둠 친구들과 돌아가며 자신의 장점 발표하기
　– 서로 의견 나누고 잘된 친구에게 칭찬 스티커 붙여주기

- 장점에 대한 다양한 예시를 미리 제시하면 좋다.
- 동그랗게 그리기 힘든 사람의 몸이나 사물의 일부를 표현할 때 스티커를 사용하길 기대했지만, 교사의 의도와 달리 스티커로 바탕을 채우는 학생들도 있었다. 이럴 땐 교사의 의도와는 다르지만 저학년이라면 다양한 표현 방식을 허용하도록 한다.

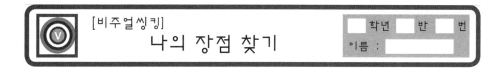

※ 나의 장점을 <u>스티커 비씽</u>으로 꾸며봅시다.

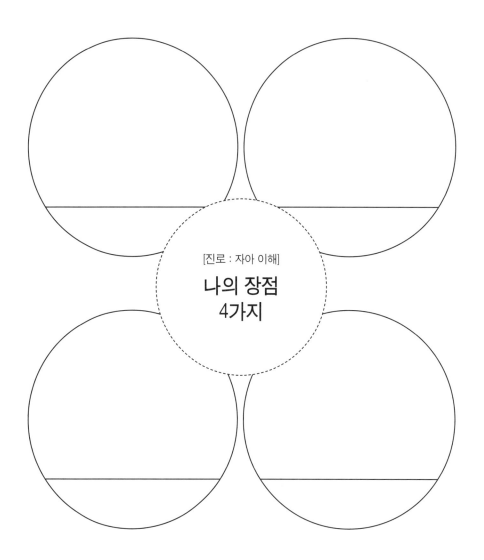

[진로 : 자아 이해]

**나의 장점
4가지**

독서를 통한
룰모델 찾기

1. 제목 : 독서를 통한 롤모델 찾기

2. 수업의 의도

독후 활동으로 주인공의 모습이나 줄거리 또는 느낀 점을 표현할 때 긴 줄글로 쓰는 경우가 많다. 또는 인상 깊었던 장면을 그림으로만 표현하기도 한다. 이런 단순한 독후 활동에서 벗어나 발바닥 모양의 틀을 활용하여 학생들의 재미와 관심도를 높이고, 책 속의 다양한 등장인물의 모습을 좀 더 직관적으로 표현할 수 있도록 했다. 또한 중요한 내용이나 인상 깊었던 부분을 더 부각하여 자신의 롤모델을 찾을 수 있게 하고자 한다.

3. 수업 개요

가. 단원 : 창의적 체험 활동 - 진로 활동

나. 수업 목표 : 책 속 등장인물의 모습과 인상 깊은 내용을 정리하며 자신의 롤모델을 찾을 수 있다.

다. 교수·학습 방법 및 지도상의 유의점

- 발바닥 틀 자체가 목적이 되어 다섯 개의 발가락을 무조건 채워야 한다는 부담을 갖게 하면 안 된다. 등장인물이 다섯 명이 되지 않을 때도 있고, 또한 교사가 생각하지 못하는 다양한 방식으로 표현하려는 학생들도 있기 때문이다. 발바닥 틀은 수단일 뿐 궁극적으로 학생들이 독서 후 자기 생각이나 느낌을 잘 정리할 수 있는 기본 활동에서 벗어나지 않도록 유의해야 한다.

4. 본시 수업 지도안

도입 (아침 독서 시간)

- 도서관에서 읽고 싶은 책 한 권씩 빌려와서 읽기 (또는 학급 문고에서 책 찾아 읽기)

전개

- 책 내용을 다시 생각하기
- 등장인물의 특징을 생각하기
- 가장 인상 깊었던 장면이나 내용을 생각하고 자신의 롤모델 찾기
- 발바닥 틀에 책과 관련한 자신의 생각과 느낀 점을 정리하기

정리

- 자신의 발바닥 독후 활동 발표하기
- 발바닥 활동지를 게시하고 친구들에게 칭찬 포스트잇 받기

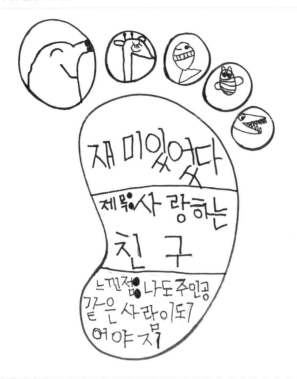

"나도 주인공 같은
사람이 되어야지."

"나는 공룡 박사가
될 거야."

6. 수업 후 성찰	– 발바닥 전체를 채워야 하는 것으로 착각하여 빡빡하게 글을 쓰는 학생도 있다. 발바닥 부분에는 어떤 내용이 들어가고, 발가락 부분에는 어떤 내용이 들어가는지 교사의 시범 활동이 있으면 더 효과적이다. – 학생이 직접 자신의 손바닥이나 발바닥을 종이에 대고 그리는 활동을 생각해볼 수 있으나 저학년은 직접 대고 그려도 모양이 대부분 제대로 나오지 않는다. 심지어 발바닥을 대고 그리는 과정에서 수시로 종이를 찢거나 도저히 활동할 수 없을 정도로 너무 작게 표현하기도 한다. 따라서 크기나 위치에 대한 개념이 아직 부족한 저학년 학생들은 교사가 직접 틀을 그려 제시해주어야 원활한 수업이 가능하다. – 중·고학년들의 경우 직접 자신의 신체를 대고 밑그림을 그려도 무방하다.
7. 기타	– 교사가 수업 내용에 알맞은 틀을 직접 만들기 어렵다면 구글의 '라인아트' 검색 기능을 활용할 수 있다. 예를 들어 사람의 두뇌 구조 틀이 필요할 때, 구글 이미지 검색에서 '두뇌 구조'를 입력 후 도구 ▶ 유형 ▶ 라인아트로 지정하면 색은 빠진 상태로 학생들이 활용할 수 있는 라인 틀로 나온다.

발바닥(1) [비주얼씽킹]
독서를 통한 롤모델 찾기

학년 　반　 번

이름 :

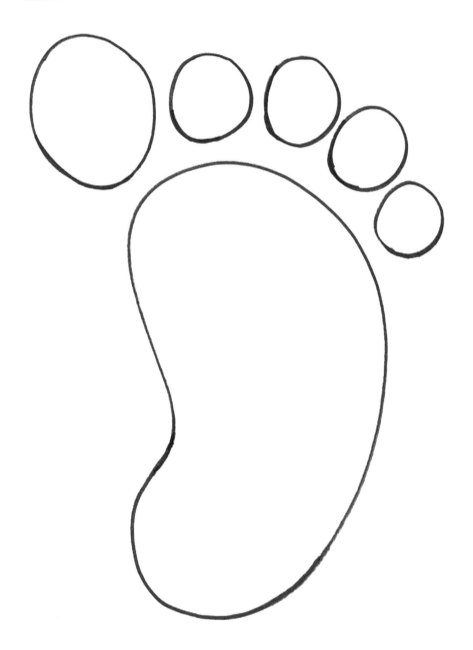

발바닥(2) [비주얼씽킹]
독서를 통한 롤모델 찾기

학년　반　번
이름 :

05

사각형 속에 빛나는 나의 미래
(명함 만들기)

🐟 visual thinking

1. 제목 : 사각형 속에 빛나는 나의 미래 (명함 만들기)

2. 수업의 의도

학교급별 진로교육 목표 체계도에 따르면 1단계는 자아 이해와 사회적 역량 개발, 2단계는 일과 직업의 세계 이해, 3단계는 진로 탐색, 마지막 4단계는 진로디자인과 준비이다. 이에 올바른 자아 이해와 다양한 진로 탐색 활동을 통하여 미래에 어떤 직업을 가져보면 좋을지 구체적으로 생각하는 시간이 필요하다. 미래의 명함 만들기 활동은 마지막 단계인 진로디자인 영역에 속하지만, 초등학교에서의 진로디자인은 단지 장래 희망에 대해서 계획하는 것으로 끝나지 않는다. 학생들이 진로를 계획하는 이 모든 과정을 통하여 여러 문제 상황에서 합리적인 의사결정을 내리고 더불어 계획하는 일의 중요성을 알고 실천하는 태도를 기르는 것에 더 큰 목표를 두고 있다.

3. 수업 개요

가. 단원 : 창의적 체험 활동 - 진로 활동

나. 수업 목표 : 미래의 명함 만들기 활동을 통해 자신의 진로를 디자인할 수 있다.

다. 교수·학습 방법 및 지도상의 유의점

- 초등학생의 장래 희망은 1년 동안에도 여러 차례 변하며 그 자체를 생각해보지 않았거나 중요성에 대하여 모르는 학생도 많다. 따라서 한 번의 명함 만들기로 꿈을 정한다고 볼 수 없으며 진로 탐색의 일환으로 접근해도 좋다. 다만 장래 희망에 대해 충분히 생각해볼 수 있도록 다양한 직업 정보를 안내하는 활동이 이루어져야 더욱 효과적인 수업이 가능할 것이다.

4. 본시 수업 지도안

도입

- 커리어넷의 드림키즈, 드림주니어 내용을 정리하며 다양한 직업에 대하여 이야기하기

전개

- 그동안 살펴봤던 직업들 중 내가 하고 싶은 일이 무엇인지 생각하기
- 다양한 직업인들의 명함 살펴보기
- (사전 준비물) 부모님의 명함 살펴보기
- 명함 속에 들어가는 기본 내용을 이해하고 자기의 미래 명함 꾸미기

정리

- 모둠별 물레방아 발표로 명함 발표하기
- 나의 꿈 게시판에 각자의 명함 붙여 전시하기
- 친구들의 명함에 격려의 말 포스트잇 붙이기

5. 수업 활동 결과물

6. 수업 후 성찰	– 사전에 다양한 진로 탐색 활동을 했음에도 불구하고 여전히 구체적인 꿈을 갖지 못하는 학생이 있다. 그런 학생에게는 자신에게 어떤 장점이 있고, 어떤 일을 했을 때 더 잘할 수 있는지 교사가 직업 예시를 들어주는 것도 좋은 방법이다. – 부모의 명함을 처음 보는 학생들도 적지 않았다. 자녀가 가장 처음 만나는 직업인이 바로 부모이므로 가정과 연계한 진로교육도 적극적으로 모색하고 실천해야 할 것이다.
7. 기타	커리어넷(www.career.go.kr) ① 진로교육 자료 ▶ 다양한 SCEP(학교 진로교육 프로그램) : 학교급별로 교실에서 바로 인쇄하여 쓸 수 있는 각종 활동지를 hwp, PDF 형태로 제공한다. ② 진로 동영상 자료 ▶ MBC 어린이 직업탐험대 드림키즈, 글로벌 직업탐험대 드림주니어 : 초등학생은 물론 중고등학생들까지 다양한 연령층에 맞추어 학생들이 직접 직업 현장에 나가 일을 배워보고 고생하는 과정까지 담아낸 생생한 직업 체험 영상을 제공한다.

06

문어발 비주얼씽킹
활동

---

1. 제목 : 문어발 비주얼씽킹 활동

2. 수업의 의도
하나의 주제를 중심으로 다양한 하위 내용을 정리하는 활동을 효과적으로 실시하기 위해 문어발 틀을 활용해보았다. 이 틀은 단순하게 그림으로 표현하고 글로 쓰는 활동을 넘어서 교과 주제 중심 수업 및 다양한 범교과 수업에 활용할 수 있는 비주얼씽킹 맞춤틀이 될 수 있다. 그중 이번 수업은 학년 초 자기소개 활동을 중심으로 제시해보고자 한다.

3. 수업 개요
가. 단원 : 창의적 체험 활동 - 진로 활동
나. 수업 목표 : 문어발 비주얼씽킹 틀을 활용하여 자신에 대하여 소개하고 나 자신을 사랑하는 마음 자세를 지닐 수 있다.
다. 교수·학습 방법 및 지도상의 유의점
  – 실제 문어의 다리 수는 여덟 개지만 복잡함을 고려하여 여섯 개로 표현하였다. 문어의 머리에 수업 주제인 자기소개 내용을 쓰고 각각의 다리에 하위 내용을 정하여 그림과 글로 정리할 수 있게 한다. 특히 이 틀은 특정 수업 활동만이 아니라 다양한 영역으로 적용할 수 있으므로 사전에 학생들과 함께 여러 가지 의견을 교환해보면서 서로 아이디어를 얻고 표현 방법을 공유할 수 있도록 지도한다.

4. 본시 수업 지도안
도입
– 자신의 어릴 때 사진 보고 이야기하기

전개
– 소중한 나에 대하여 생각해보기
– 친구들에게 소중한 나를 소개할 수 있는 것들 생각해보기
– 나의 취미, 꿈, 좋아하는 동물, 좋아하는 음식 등 다양하게 생각하고 모둠별로 내용 공유하기
– 각자 자신이 생각한 내용을 문어발 틀에 표현하기

정리
– 자기소개하기
– 소중한 자신을 위해 새 학년에서 지녀야 할 마음 자세 발표하기
– 모두가 서로의 내용을 잘 읽어볼 수 있도록 문어발 활동지를 특정 기간 게시하기
– (사후 활동) 일정 기간이 지난 후 친구들의 소개 내용을 퀴즈로 내어 더욱 친해지는 시간 마련하기

5. 수업 활동 결과물

 문어발 비주얼씽킹

	– 학생들의 개인차에 따라 여섯 개의 하위 항목을 다 생각하지 못하는 경우도 있다. 그럴 때는 모둠 친구들의 의견을 들어보고 자신의 활동에 참고할 수 있도록 지도한다.
6. 수업 후 성찰	– 진로교육의 가장 첫 단계는 자기 자신에 대해 알고 스스로를 소중하게 생각할 수 있는 마음을 갖는 것이기 때문에 소개 활동 자체로만 끝낼 게 아니라 왜 자신이 소중한지, 그리고 미래의 나를 위해 어떤 자세를 지녀야 하는지에 대하여 공유하는 시간이 필요하다.

7. 기타	– 문어발 비주얼씽킹의 다양한 진로교육 활용 사례 문어발 비주얼씽킹은 활용도가 굉장히 높다. 문어발 비주얼씽킹을 활용한 몇 가지 수업 사례는 다음과 같다.

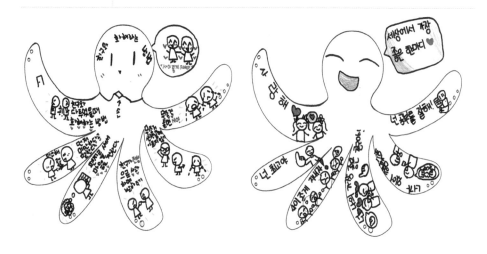

진로교육 I-2단계 : 대인 관계 및 의사소통 역량 개발

진로교육 III-2단계 : 다양한 정보 탐색

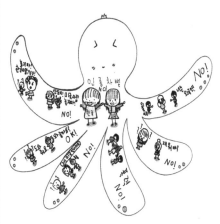

진로교육 IV-1단계 : 진로 의사결정 능력 개발

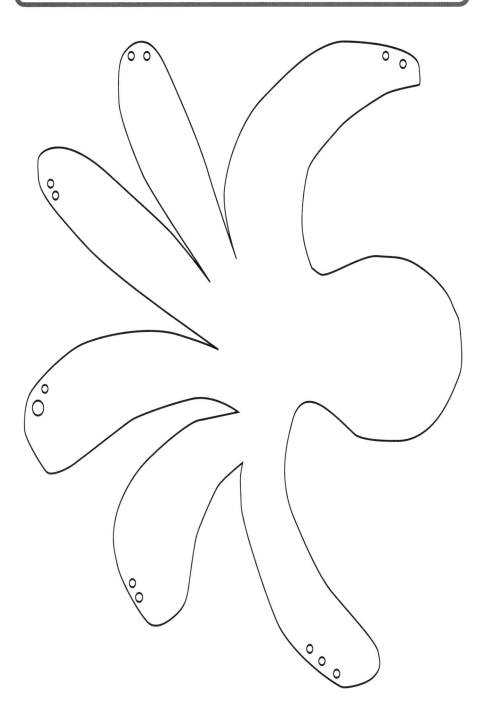

07 창의 진로
그림일기

1. 제목 : 창의 진로 그림일기

2. 수업의 의도
특정 형태가 이미 그려진 비주얼씽킹 일기 틀에 제목에 알맞은 그림을 그리고 일기를 써보면 창의성 신장과 더불어 비주얼씽킹의 장점도 접목할 수 있는 재미있는 활동이 될 수 있다. 학생마다 주어진 도형의 모습을 어떻게 확장하여 표현하느냐에 따라 다양한 결과물이 나올 수 있으며, 이에 따라 창의 진로 그림일기 활동으로 자신의 소질을 계발하고 성찰해보는 시간을 갖고자 한다.

3. 수업 개요
가. 단원 : 창의적 체험 활동 - 진로 활동
나. 수업 목표 : 소질 계발을 주제로 그림일기를 쓸 수 있다.
다. 교수·학습 방법 및 지도상의 유의점
- 일반 그림일기는 아무것도 없는 백지 상태에서 학생들이 원하는 그림을 그리는 과정으로 매우 단순하다. 그러나 창의 진로 그림일기는 그림 칸 안에 일정한 도형이 포함된다. 학생들이 다양한 소질 계발 활동 경험을 떠올리는 동시에 일정 도형을 활용한다면 창의적으로 밑그림을 재구성하는 능력도 키울 수 있다.

4. 본시 수업 지도안
도입
- 학교 및 학급의 소질 계발 행사를 떠올리기

전개
- 기억에 남았던 인상 깊은 장면 떠올리기
- 모둠 친구들과 다양하게 생각하고 내용 나누기
- 각자 자신이 생각한 내용을 창의 진로 그림일기 틀에 표현하기

정리
- 어떤 내용으로 일기를 썼고, 왜 일기로 남기고 싶은지 발표하기
- 각자 소질 계발을 위해 충분히 노력했는지 성찰해보기

5. 수업 활동 결과물

• 날짜 : 2016년 12월 2일 금요일 　　　　• 날씨 : 맑음 ☀

제목: 즐거운 고재 미 있는학예회
나 는 오늘 학예회를 했 다. 학예회는
정말정말 재미있었다.

꿈끼 펼치는
학교 학예회 후

• 날짜 : 2016년 12월 13일 화요일 　　　　• 날씨 :

제목: 재미 있는 가게 놀이
학교에서 가게 놀이를 했다.
처음 에는 돈을 많이 벌었다.
돈을 많이 벌어서 불우이웃돕기를 많이
했다. 불우이웃 돕기를 많이해서 기분이좋았다.

기업가 정신교육
- 플리마켓 행사 후

◆ 날짜 :　　　년　　　월　　　일　　　요일　　　◆ 날씨 :

〈제목〉 :
_____

_____

_____

_____

_____

08 ## 겨울 방학 때 하고 싶은 일
계획 세우기

---

1. 제목 : 겨울 방학 때 하고 싶은 일 계획 세우기

2. 수업의 의도

자신이 하고자 하는 일을 계획을 세워 추진하는 것은 진로교육 영역에서 매우 중요하다. 따라서 겨울 방학 때 하고 싶은 일에 대하여 생각해보고 계획을 세우는 활동을 구성해보았다.

3. 수업 개요

가. 단원 : 통합 교과＋진로 활동 융합

나. 수업 목표 : 일상의 여러 가지 일을 계획을 세워 실천해보고 계획의 중요성을 말할 수 있다.

다. 교수·학습 방법 및 지도상의 유의점

‒ 계획을 세워 이를 실천하는 태도는 진로교육의 4단계인 진로디자인과 준비 단계에 해당한다. 따라서 계획한 일의 중요성을 알아가는 과정을 통하여 '자신의 꿈을 담아 진로 계획을 세울 수 있다'는 진로교육 4단계 목표에 자연스럽게 도달할 수 있다.

4. 본시 수업 지도안

도입

‒ 작년 겨울 방학 때 자신의 모습을 떠올리기

전개

‒ 알찬 겨울 방학을 위해 자신의 일과를 정리하기

‒ 하고 싶은 일에 대하여 생각하고 정리하기

‒ 각자 자신이 생각한 내용을 써클맵에 표현하기

정리

‒ 하고 싶은 일과 해야 하는 일을 구분하여 발표하기

‒ 후회하지 않는 겨울 방학을 보내기 위한 다짐 들어보기

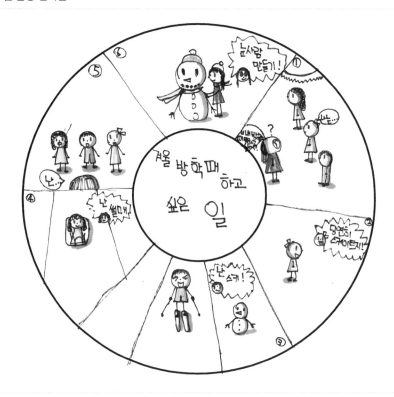

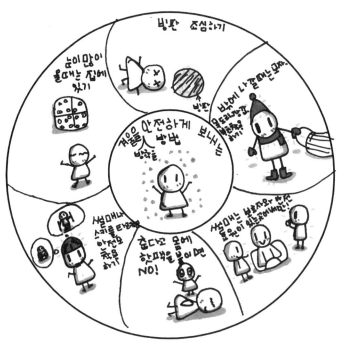

써클맵으로 계획 세우기

학년 반 번
이름 :

미래 약속 나무 꾸미기

1. 제목 : 미래 약속 나무 꾸미기

2. 수업의 의도
   단체 생활을 하는 학급의 여러 상황 속에서 질서를 지키고, 더 나아가 바람직한 미래의 나를 위한
   약속 나무를 꾸며보고자 한다.

3. 수업 개요
   가. 단원 : 통합 교과 + 진로 활동 융합
   나. 수업 목표 : 바람직한 미래의 나를 위한 약속 나무를 꾸밀 수 있다.
   다. 교수 · 학습 방법 및 지도상의 유의점
       - 단체 생활을 위한 약속을 찾아보고 실천하는 의지를 손바닥에 그려서 꾸미는 활동이 본 수업
         목표지만, 진로 활동과 융합하여 바람직한 미래의 모습까지 설계할 수 있는 내용을 표현해보
         도록 지도한다.

4. 본시 수업 지도안
도입
- 원만한 친구 관계를 위해서 우리가 할 수 있는 일 알아보기

전개
- 미래에 바람직한 모습으로 성장하기 위한 기본적인 약속들 생각하기
- 약속 내용이 떠오르면 자신의 손바닥을 도화지에 대고 따라 그린 후 그 내용을 기록하기
- 각자 꾸민 손바닥을 모양대로 잘라서 미래 약속 나무에 붙이기

정리
- 친구들의 약속 손바닥을 살펴보고 의견 나누기
- 바람직한 미래의 내 모습을 위해 노력하겠다는 다짐하기

5. 수업 활동 결과물

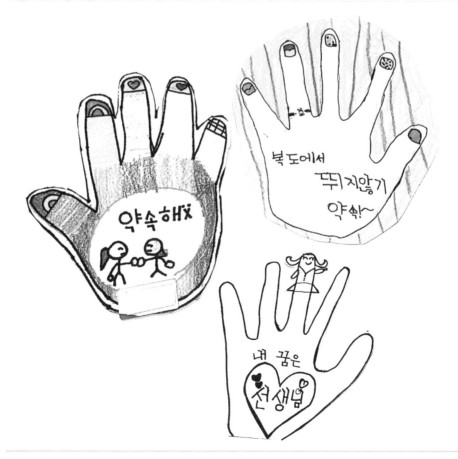

미래 약속 나무 손바닥

10 나의 약점을 강점으로
Change!

🔊 visual thinking

---

1. 제목 : 나의 약점을 강점으로 Change!

2. 수업의 의도

   교육부 창의적 진로개발 프로그램 중 하나로서 자신이 가진 약점도 강점이 될 수 있는 상황을 생각하며 자존감을 높이고 자기를 소중하게 생각하는 시간을 가져보고자 한다.

3. 수업 개요

   가. 단원 : 통합 교과 + 진로 활동 융합

   나. 수업 목표 : 자신을 긍정적으로 받아들이는 태도를 가질 수 있다.

   다. 교수·학습 방법 및 지도상의 유의점

   　　– 학생들은 의외로 자신의 장점을 장점인지 모르고 오히려 장점을 약점으로 생각하는 경우가 많다. 따라서 평소 학생들의 생활 모습을 세심하게 관찰하면서 자신의 모습 그대로를 긍정적으로 받아들일 수 있는 태도를 갖게 하는 것이 매우 중요하다.

4. 본시 수업 지도안

   도입

   – 키가 큰 사람이 버스에 탄다면? (좋은 점과 안 좋은 점)

   전개

   – 자신의 약점 4가지 생각하기

   – 약점 4가지가 강점으로 바뀌는 상황 생각하기

   – 약점이 강점으로 변하는 모습 상상하며 꽃게 비주얼씽킹으로 표현하기

   정리

   – 모둠별로 약점에서 강점으로 변한 4가지 발표하기

   – 각자의 긍정적인 모습을 칭찬하기

5. 수업 활동 결과물

※ 약점 4가지를 강점 4가지로 바꿔 보세요. (가로로 사용합니다)

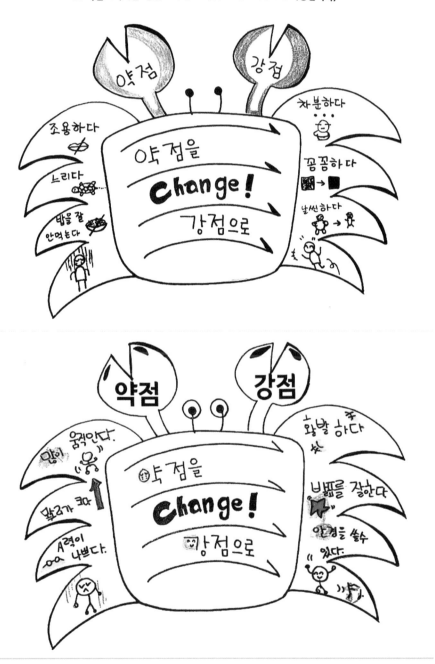

[진로 활동]
나의 약점을 강점으로!

학년　　반　　번
이름 :

※ 약점 4가지를 강점 4가지로 바꿔보세요. (가로로 사용합니다.)

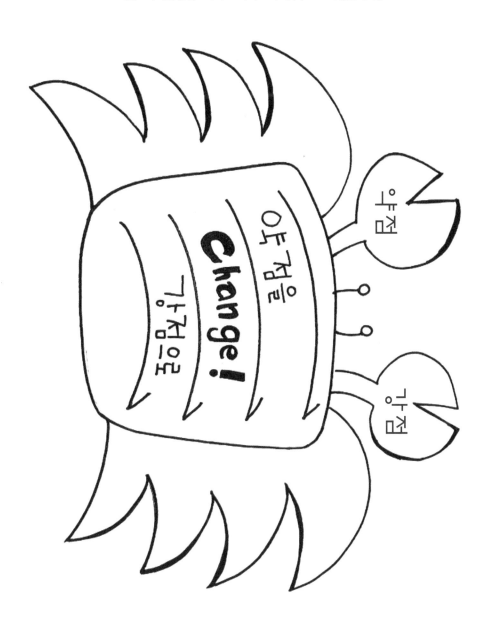

내가 만들어가는
역사 이야기

비주얼씽킹의 사회과 교육적 활용

비주얼씽킹으로 할 수 있는 사회과 교육적 활용 가치는 크게 다섯 가지로 설명할 수 있는데 주의적 기능, 이해 기능, 조직 기능, 역사 방법 기능, 역사 가치 기능이 그것이다.

첫째, 주의적 기능이란 역사적 사실에 대한 구체적인 시각 자료를 제공하여 학습자의 흥미를 불러일으키고 지적 호기심을 유발하여 학습 활동을 자극하는 기능을 말한다. 이때 수업에 투입되는 그림 자료는 학생들의 학습 의욕을 자극하고 주의 집중력을 강화하여 수업을 순조롭게 전개할 수 있도록 도와준다. 학생들은 텍스트로 된 글보다는 글과 그림이 함께 작성된 내용에 더 잘 반응하기에 비주얼씽킹을 통해서 학습에 대한 주의 집중을 높일 수 있다.

둘째, 이해 기능이란 추상적인 개념이나 주절을 이해하기 쉽도록 도와주는 기능, 즉 학습자의 이해를 돕는 기능을 의미한다. 역사 수업에서는 학생들이 이해하기 어려운 용어, 개념, 내용 등이 있기 때문에 이해할 수 있도록 교사는 다양한 자료 제공 등을 통해 학생들의 이해를 촉진시켜주어야 한다. 예를 들면 전쟁에 대한 자세한 설명보다는 역사 기록화 또는 동영상을 제시함으로써 영토 확장 전쟁을 쉽게 이해시킬 수 있다.

셋째, 조직 기능이란 학습 내용에 일정한 구조와 일관성을 부여해주는 것으로, 이 기능은 학습 내용을 조직적으로 연결하여 핵심 내용을 비주얼씽킹을 통해 파악하게 해준다. 학습 내용을 스스로가 조직화하여 구조적으로 만들기 때문에 긴 글이나 복잡한 글을 글과 그림을 이용하여 한 장으로 표현함으로써 누구든지 알기 쉽게 이해하도록 효과적으로 전달해주는 방법이다.

넷째, 역사 방법 기능이란 역사 지도, 통계표, 연표 및 여러 가지 삽화 자료를 수집, 활용하여 문제를 해결하는 등 역사 학습 방법을 익힘으로써 사실을 객관적으로 인식하고 역사적 태도와 능력, 역사 의식과 역사적 사고력을 기를 수 있게 하는 것이다. 학생 스스로가 역사적 사실이나 가설을 세우고 이에 대한 증거를 제시하거나 중요한 정보를 찾아 지도, 통계표, 연표 등의 비주얼로 표현하여 객관적으로 사실을 표현할 수 있다.

다섯째, 역사 가치 기능이란 비주얼씽킹을 통해 역사적 가치를 학생들의 마음속에 인식시켜주는 것이다. 그러므로 비주얼씽킹의 자료에는 정확하고 객관성이 있는 사실적인 내용이 담겨 있어야 하며, 감동적이면서도 호소력이 있어야 한다. 또한 상상력을 자극할 수 있고 심미적 감동과 학문적 가치가 있는 역사적 자료로도 이용 가치가 높다. 역사 학습에서는 학습자가 경험하지 못한 상황 속에서 행위자의 행위를 역사적 상황과 관련하여 이유, 목적, 동기 등을 인식하도록 한다.

비주얼씽킹을 활용한 역사 수업을 초등학교 고학년 및 중학교 학생들과 함께 진행했었는데, 학생들은 비주얼씽킹을 하는 데 어려워하지 않고 각 차시별로 잘 참여하였다. 그러나 초등학생과 중학생은 차이가 있었는데, 특히 중학교 남학생의 경우는 능동적으로 참여하지 않고 소극적으로 참여하는 모습을 보였다. 이 경우 강제적으로 비주얼로 표현하라고 강요하기보다는 텍스트 중심으로 내용을 구조화시키는 쪽으로 안내를 하였다.

비주얼씽킹 수업을 할 때 주의할 점

첫째, 학생들에게 그림보다는 내용을 중심으로 칭찬해줄 것을 안내한다. 학생들에게 서로의 작품을 감상하는 활동은 그들에게서 자발적인 질문이 일어나도록 하기 위한 것과 아이디어를 공유하는 데 목적이 있다. 학생들에게 비주얼씽킹 활동이 다른 사람의 작품을 평가하는 것이 아니라 칭찬해주고 아이디어를 공유하는 것에 있다는 것을 안내해주어야 한다.

둘째, 생각을 시각화하는 데 시간을 충분히 준다. 학생들이 내용을 정리하고 비주얼로 표현하는 데 시간이 필요하다. 시간은 충분히 주되 숙제로 내주는 것은 지양해야 한다. 학생들에게 숙제로 비주얼씽킹을 하게 하면 또 하나의 과제로 생각하기 때문에 부담을 느끼는 경우가 많다.

셋째, 학생들의 표현을 존중한다. 학생들의 결과물이 교사가 원하는 대로 나오지 않는 경우도 있다. 그럴 때는 부정적인 말보다는 어떤 관점으로 생각해서 표현했는지 먼저 물어보는 시간이 필요하다. 교사의 판단보다는 학생의 의도를 같이 공유하는 게 중요하다.

1. 제목 : 개인사 연대표 만들기

2. 수업의 의도

학생들은 역사에 대해서 '왜 배우는가?'에 대한 뚜렷한 목적이나 고민 없이 단지 과거의 내용 배우기, 지루한 이야기, 현재의 나와는 상관없는 이야기 등으로 생각하는 경우가 많다. 학생들이 이렇게 생각하는 이유는 역사가 본인의 삶과는 연결 고리가 없다고 생각하기 때문이다. 따라서 역사가 왜 중요한지, 역사의 내용이 나와 어떤 관계를 맺고 있는지를 알아보기 위해서 개인사 연대표 만들기 활동을 하게 되었다.

3. 수업 개요

가. 단원 : 우리 역사의 시작과 발전

나. 수업 목표 : 내가 생각하는 역사를 설명할 수 있다.

나의 역사 연대표를 만들어 설명할 수 있다.

다. 교수·학습 방법 및 지도상의 유의점

– 역사에 대한 생각을 자유롭게 표현하도록 한다.

– 역사가 나와 관계가 많은 것임을 알 수 있도록 한다.

– 학생들이 자신의 과거에 대해 부정적인 이야기를 나열하는 경우도 있으니 긍정적 내용을 중심으로 표현하도록 안내한다.

4. 본시 수업 지도안

도입

– 역사는 (   )이다.

왜냐하면 (   )이기 때문이다.

전개

– 내가 살아오면서 중요한 사건 10가지 작성하기

– 내가 살아오면서 중요한 사건 5가지 작성하기 : 중요한 이유 찾아보기

– 친구들과 함께 '개인의 역사' 공통점 찾아보기

– 개인사 연대표 작성하기

정리

– 개인사 연대표 작성 후 느낌 표현하기

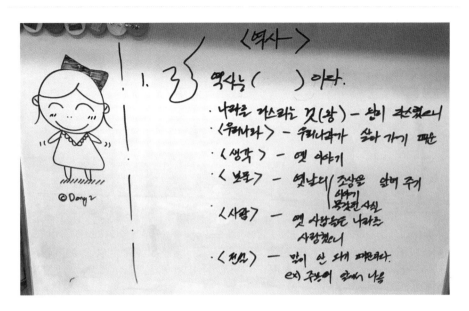

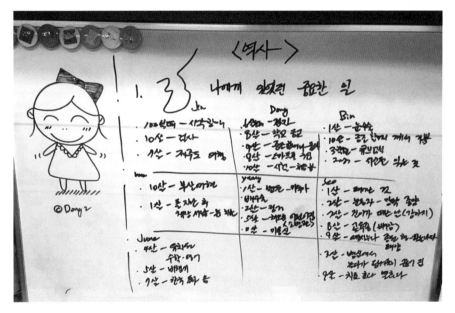

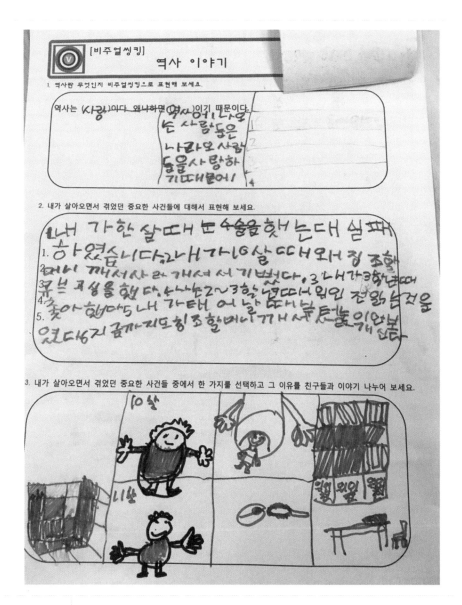

6. 수업 후
   성찰

– 학생들은 역사에 대해서 왕, 우리나라, 생각, 보물, 사람, 전설이라고 표현을 하였다. 주몽이 알에서 나온 것이 허구일 것이라는 의견을 준 학생도 있으며, 옛날의 이야기라고 표현한 학생도 있었다. 많은 학생들이 역사는 옛이야기, 옛것이라는 선입견을 갖고 있기에 역사는 현재와 미래를 설계하는 데 필요한 것이라고 학생들에게 설명을 해주었다.
– 나에게 있었던 중요한 일에서는
   • 병원에 입원했던 경험이 있는 학생들은 어린 나이에 굳이 겪지 않아도 될 것들을 경험 하면서 죽음과 삶에 대하여 여러 번 생각해보았다고 한다.
   • 역시 또래처럼 처음 경험했던 것들을 기억하고 있었다. 예를 들면 어린이집 간 일, 초등학교에 처음 등교했던 일, 여행 갔던 일, 비행기 탄 일 등이 있었다.

1. 역사란 무엇인지 비주얼씽킹으로 표현해보세요.

> 역사는 ( )이다. 왜냐하면 ( )이기 때문이다.

2. 내가 살아오면서 겪었던 중요한 사건들에 대해서 표현해보세요.

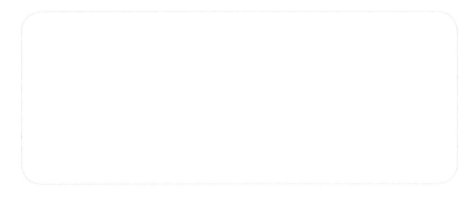

3. 내가 살아오면서 겪었던 중요한 사건들 중에서 한 가지를 선택하고 그 이유를
   친구들과 이야기 나누어보세요.

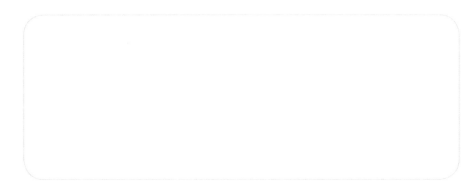

개인사 역사책 만들기

1. 제목 : 개인사 역사책 만들기

2. 수업의 의도

역사를 이해하기 위해 개인사 연대표를 만들었다면 스토리가 있는 역사 이야기는 학생들에게 큰 의미로 다가 오게 된다. 역사의 내용이 나와 어떤 관계를 맺고 있는지를 알아보기 위해서 개인사 역사책 만들기 활동을 하게 되었다.

3. 수업 개요

가. 단원 : 우리 역사의 시작과 발전

나. 수업 목표 : 역사를 왜 배우는지 생각해보고 나의 개인사를 만들어 설명할 수 있다.

다. 교수·학습 방법 및 지도상의 유의점

– 초등학교 5학년 사회 교과서에는 역사를 왜 배우는지에 대한 설명이나 고민 없이 바로 선사시대의 생활 모습부터 나온다. 그렇기 때문에 학생들에게 역사를 왜(Why) 배워야 하는지부터 시작하여 나와 무슨 관계가 있는지를 생각하게 하여 자발적인 동기 부여가 되도록 하는 데 시간을 많이 할애해야 한다.

4. 본시 수업 지도안

도입

– 나의 개인사는 (   )이다.

왜냐하면 (   )이기 때문이다.

전개

– 내가 살아오면서 중요한 사건 10가지 작성하기

– 내가 살아오면서 중요한 사건 5가지 작성하기 : 그 시대의 특징 찾아보기

– 개인사 역사책 만들기

(차례 정하기 → 페이지의 내용 정하기 → 표현하기 → 검토하기 → 나누어 읽기)

– 개인사 역사책 나누어 읽기

정리

– 개인사 역사책 만든 후 느낌 표현하기

6. 수업 후 성찰	- 학생들은 개인사 역사책 만들기에 많은 관심을 보였으며, 이를 통해 자신의 과거가 역사가 된다는 사실을 처음 알게 되었다고 한다. - 역사란 나와는 상관없는 것으로 생각해왔는데 나의 역사책 만들기를 통해 '역사는 나와 함께 있는 것이구나' 하고 생각한 학생도 꽤 있었다. - 학생 중 일부는 역사가 재미있다고 말하기도 하였다. - "자신의 옛날 모습을 생각해보니 좋았다"고 말한 학생도 있었다. - 국어, 미술 등의 교과에 나오는 '책 만들기' 활동과 연계하여 수업을 전개할 수도 있다.

[역사 비주얼씽킹]
개인사 역사책 만들기

1. 시간대로 나의 역사 내용을 글과 그림으로 표현해보자.

2. 책을 어떻게 구성할지 생각하고 비주얼씽킹하자.

앞표지 제목 지은이	차례	내용	뒤 표지 출판사 바코드 등
내용	내용	내용	내용

3. 역사책을 친구와 함께 읽어보고 느낌을 간단하게 표현해보자.

04 가족사 연대표 만들기

1. 제목 : 가족사 연대표 만들기

2. 수업의 의도

가족사에 대한 내용을 연대표를 통해서 쉽게 정리하도록 하였다. 이를 통하여 조상에 대한 내용까지 정리하게 하여, 위인들에게만 역사라는 것이 존재하는 것이 아니라 나와 가족을 중심으로도 역사가 있음을 깨닫게 해주고 싶었다.

3. 수업 개요

가. 단원 : 우리 역사의 시작과 발전

나. 수업 목표 : 가족사에 대해 조사하고 연대표 만들기를 통해 나의 가족사를 설명할 수 있다.

다. 교수·학습 방법 및 지도상의 유의점

 – 가족사에 대해 조사하게 되면 할아버지, 할머니, 아버지, 어머니, 나와의 관계를 자연스럽게 알게 된다.

 – 조상에 대한 것에 관심을 가지게 되며 자연스럽게 가족사에 대한 질문이 생기게 된다.

 – 사전에 가족 관계를 조사해오는 것이 수업에 도움이 된다.

4. 본시 수업 지도안

도입

 – 할아버지, 할머니 성함?

 – 할아버지, 할머니는 언제 태어나셨는가?

전개

 – 부모님은 언제 태어나셨는가?

 – 부모님은 언제 결혼하셨는가?

 – 할아버지, 할머니, 아버지, 어머니, 나와의 관계도 그려보기

 – 연대표 만들기(시간 흐름에 따라 작성하기)

 – 연대표 나누어 읽기

정리

 – 연대표 만든 후 느낌 표현하기

5. 수업 활동 결과물

 가족 연대표

2 학년 ㄱ 반   번
이름:

1. 가족들의 연대표를 작성합니다. 빈칸에 년도와 내용을 작성하세요

년도	( )가족의 중요한 일
2007	부모님 결혼
2009	(나)태어 남
2010	작은 아빠 결혼
2013	(여위이 태어남), 유치원에 감
2015	외할아버지 돌아가심
2016	초등학교 입학
2017	제주도 감 (여행)

2. 가족의 연대표를 비주얼씽킹으로 표현합니다.

6. 수업 후 성찰

– 학생들이 개인의 사건에 대한 것은 잘 기억을 하였다.
– 학생들이 개인사의 사건에 대해서 먼저 작성하도록 안내를 하였으며 그림을 먼저 그린 학생들은 개인사를 먼저 작성한 후에 그림을 그리도록 지도하였다.
– 학생들이 개인사를 이야기할 때 장난을 하지 않도록 미리 이야기해주는 것이 좋다.
– 서로의 개인사를 듣고 나서 친구들끼리 서로를 더 잘 이해하게 되었다고 한다.
– 개인사를 만들어보니 나를 돌아볼 수 있었다고 한다.

가족 연대표

1. 가족들의 연대표를 작성합니다. 빈칸에 년도와 내용을 작성하세요.

년도	( ) 가족의 개인사 연표
	부모님 결혼
	( ) 태어남

2. 가족의 연대표를 비주얼씽킹으로 표현합니다.

1. 제목 : 소중한 문화유산

2. 수업의 의도

학생들은 개인의 물건은 소중하게 생각하면서 어른들 것이나 옛것은 오래된 것으로만 생각하는 경우가 많다. 따라서 역사 속에서 문화유산이 어떻게 만들어졌는지, 어떻게 지켜지고 이어져왔는지, 그리고 얼마나 가치가 있는지에 대해 고민하고 생각하는 활동을 계획했다. 문화재를 통해서 민족의 얼과 나라를 위해 목숨을 걸고 싸운 민족정신 등 우리 문화에 대한 소중함을 실생활에서 느낄 수 있도록 하였다.

3. 수업 개요

가. 단원 : 우리 역사의 시작과 발전, 세계와 활발하게 교류한 고려, 유교 문화가 발달한 조선

나. 수업 목표 : 문화유산의 의미를 알고 문화유산을 어떻게 보존해야 하는지 설명할 수 있다.

다. 교수 · 학습 방법 및 지도상의 유의점

   – 문화유산에 대한 의미를 알고, 자신이 사용하는 물건들이 후세에는 소중한 역사적 자료가 될 수 있음을 알도록 한다.

4. 본시 수업 지도안

도입

– 내가 소중하게 생각하는 물건

전개

– 내가 소중하게 생각하는 물건 5가지 작성하기

– 우리 집에서 소중하게 생각하는 물건 3가지 작성하기

– 고려시대 문화유산 찾아 조사하기

정리

– 문화유산에 대한 생각 이야기하기

5. 수업 활동 결과물

 소중한 문화유산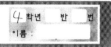

4 학년 　 반 　 번
이름 :

1. 나에게 소중한 물건을 5가지 작성하세요. 우리집에서 오래된 물건 중 중요한 물건 3가지 작성하세요

나에게 소중한 물건	저한테 소중한 물건은 흰지팡이입니다. 그 다음은 한소네입니다. 왜냐하면 한소네는 정안인과 통할 수 있는 길이기 때문입니다. 그리고 흰 지팡이는 혼자서 길을 걸을 수 있기 때문입니다.
우리집에서 오래 된 물건	형의 그림. 왜냐하면 형이 지금은 그림을 그리지 않기 때문입니다.

2. 내가 미래의 자녀에게 남기고 싶은 물건과 그 이유를 쓰시오.

나는 오늘 아무리 쏠가 없어도 문화재가 될 수 있다는 것을 알았다. 나는 한소네나 아이폰을 남기고 싶다. 나중에 지금보다 더 발달한 미래에서는 어떻게 될지 궁금하다.

6. 수업 후 성찰	- 학생들이 문화유산에 대해서 많은 생각들을 가지고 있었지만 학생들 대부분은 그것들을 박물관이나 유적지에서 확인할 수 있는 것으로만 생각하였다. - 학생 1 : 나의 물건도 나에게는 역사적 의미를 가질 수 있으며 더욱 소중하다는 생각이 들었다. - 학생 2 : 문화재에 대해서 관심을 갖게 되었다. - 추후에는 문화유산이 훼손되지 않고 잘 보존할 수 있는 방법들에 대한 내용을 수업에 담으면 더 좋을 것이다.

소중한 문화유산

1. 나에게 소중한 물건을 표현해보세요.

2. 역사적으로 의미가 있는 문화유산을 찾아 표현해보세요.

06 화폐 속 이야기

---

1. 제목 : 화폐 속 이야기

2. 수업의 의도

　화폐에 대한 역사적 의미를 알아보고 '경제＋사회 문화＋역사'의 의미를 알아보고자 하였다. 학생들은 화폐를 이용하면서도 화폐 속의 인물에 대해서는 잘 모르는 경우가 많았으며, 그 안에 있는 그림과 의미에 대해서도 잘 알지 못하였다. 우리가 일상적으로 사용하는 화폐 속에서 역사의 의미를 찾아보고 역사에 대해서 관심을 가질 수 있도록 한다.

3. 수업 개요

　가. 단원

　초1 : 통합 교과 - 우리나라 - 우리나라 상징

　초4 : 도덕 - 돌아보고 살펴보고 - 여럿이 함께 반성해요

　초4 : 국어 활동 - 감동을 표현해요 - 이야기를 읽고 느낌을 여러 가지 방법으로 표현하기

　나. 수업 목표 : 화폐 속 인물을 찾아보고 역사적 의의를 비주얼씽킹한다.

　다. 교수·학습 방법 및 지도상의 유의점

　- 화폐 속의 시대를 알아보기

　- 화폐 속의 사물들을 살펴보고 어떠한 의미가 있는지 알아보기

4. 본시 수업 지도안

　도입

　- 화폐 속 인물들은 누구일까요?

　- 화폐 속 인물 퀴즈 맞혀보기

　전개

　- 율곡 이이에 대하여 조사해보기

　- 신사임당에 대하여 조사해보기

　- '초충도'에 대하여 조사해보기

　- 5천 원권 지폐를 관찰하여 율곡 이이, 신사임당에 관한 내용을 찾아보기

　정리

　- 율곡 이이, 신사임당에 대하여 설명하기

5. 수업 활동 결과물

화폐 속 이야기 2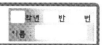

1. 화폐속의 인물과 그림들을 살펴봅시다. 오천원에 들어간 인물은 누구이며 인물을 그려 봅시다.

오천원 앞면-(율곡 이이), 오천원 뒷면-(신사임당 초충도   )

세금을 쌀로내자

2. 오천원에 들어간 그림은 무엇이며 어떤 의의가 있을지 찾아봅시다. 오천원의 중요한 내용을 비주얼씽킹 해봅시다.

신사임당의 (   )
신사임당은 율곡이이의 어머니로써 시, 서, 화에 뛰어나고 산수, 포도, 묵죽, 묵매, 초충 등 다양한 소재를 다루었습니다.

오죽헌 신사임당의집
율곡이이가 태어난 집

 수 박 + 맨도라스미미초충도

6. 수업 후 성찰	− 학생들이 화폐 속의 인물들에 대한 관심을 많이 가지게 되었다. − 화폐 속에는 인물과 장소 또는 그림 등이 들어가 있는 것을 알게 되었다고 한다. − 화폐를 중심으로 역사적 흐름을 알도록 하고 싶었으나 학생들이 초등학생인 관계로 역사적 흐름을 연결하기가 조금 어려운 경우도 있었다. − 학생들 중에는 "왜 화폐가 조선시대 인물만 나타나 있느냐?"고 물어보는 학생도 있었다.

화폐 속 이야기

학년　반　번
이름 :

1. 화폐 속의 인물과 그림들을 살펴봅시다. 천 원에 들어간 인물은 누구이며, 그 인물을 그려봅시다.

2. 천 원에 들어간 그림은 무엇이며, 어떤 의의가 있을지 찾아봅시다. 천 원의 중요한 내용을 비주얼씽킹해봅시다.

겸재 (　　　　　)의 〈계상정거도〉
'진경산수화'라는, 말 그대로 진짜 풍경을 직접 보고 그린 산수화가 등장함. 우리나라의 산봉우리의 모습을 정확히 그림으로 나타냈다는 데 의의가 있음.

〈계상정거도〉는 (　　　　　　　　　)이다.

수원 화성의 가치와 정약용

1. 제목 : 수원 화성의 가치와 정약용

2. 수업의 의도

역사에 대해 학생들이 관심을 갖도록 하였으며 단순하게 영상을 보고 이해하는 것이 아니라 학생 스스로가 자신의 생각을 담아 비주얼로 표현할 수 있도록 하였다. 영상의 내용이 단순하게 정약용의 이야기뿐만 아니라 고정 도르래, 움직 도르래, 복합 도르래의 과학적 사실을 담고 있기 때문에 과학 교과목과 사회 교과목의 융합 수업을 계획하였으며, 자연스럽게 정약용을 통해 그 시대의 흐름과 정조가 수원으로 왜 수도를 옮기려고 했는지에 대한 배경도 알고자 하였다.

3. 수업 개요

가. 단원

초1 : 통합 교과 - 우리나라 - 우리나라를 빛낸 사람들

초6 : 과학 - 에너지와 도구 / 초6 : 사회 - 조선 사회의 새로운 움직임 - 새로운 문물을 받아들인 조선

초6 : 도덕 - 알맞은 행동으로 - 절제를 위한 올바른 선택 / 중3 : 일과 에너지 - 도구와 일의 원리

나. 수업 목표 : 수원 화성의 가치를 이해하고 도르래의 원리를 설명할 수 있다.

다. 교수·학습 방법 및 지도상의 유의점

　　– 정조가 추진한 개혁 살펴보기

　　– 수원 화성 건설에 사용된 과학 기술을 살펴보기

　　– 수원 화성을 건설하려고 했던 배경 살펴보기

　　– 수원 화성 건설 시 역사적 배경을 학생들이 이해하기

4. 본시 수업 지도안

도입

– 천재 실학자와 정조에 대한 이야기 들어보기

전개

– 실학자 정약용의 주장과 정약용이 한 일을 찾아본 후 그림으로 표현하기

– 정조가 추진한 개혁과 수원 화성을 건설한 까닭을 찾아보고 그림으로 표현하기

– 고정 도르래, 움직 도르래, 복합 도르래의 특징 설명하기

– 정조가 추진한 개혁과 수원 화성을 건설한 까닭 설명하기

정리

– 실학자 정약용이 한 일과 느낌 설명하기

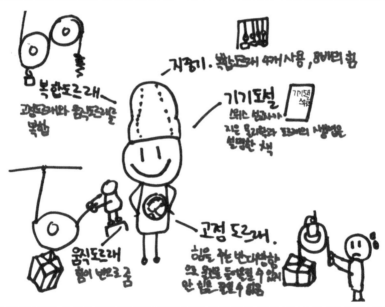

6. 수업 후 성찰	- 정약용에 대한 인물에 대해서는 학생들이 어느 정도 알고 있었으나 《화성성역의궤》, 《기기도설》에 대해서는 처음 알았다고 많은 학생들이 이야기를 하였다.
	- '정조 - 수원 화성 - 정약용'과 관련된 내용을 정확하게 인지하고 표현을 하였으나 자신의 느낌이나 교훈과 연계한 활동에서는 시간을 충분하게 주는 것이 좋다.

[역사 비주얼씽킹]
수원 화성의 가치와 정약용

학년 □ 반 □ 번 □
이름 :

1. 정조가 수원 화성을 건설한 까닭을 조사해봅시다.

2. 거중기와 《기기도설》에 대하여 조사해봅시다.

3. 도르래의 원리를 간단하게 표현해봅시다.

08

신라 장군 이사부

1. 제목 : 신라 장군 이사부

2. 수업의 의도

독도에 대한 내용은 국어, 사회 등의 과목에 포함되어 있다. 독도의 역사에 대해서도 학생들의 흥미를 이끌어낼 필요가 있었으며 잘 만들어진 동영상을 통해서 학생들의 호기심을 불러일으키고 독도의 역사, 지리, 문화적 특성들을 살펴볼 수 있도록 하였다.

또한 신라장군 이사부가 어떻게 울릉도를 정복하게 되었으며 이를 통해 우리가 얻는 교훈은 무엇인지 살펴보고자 하였다.

3. 수업 개요

가. 단원

초1 : 학기 공통 - 독도 바로 알기

초4 : 국어 - 영상 매체를 보고 자신의 생각 다양하게 표현하기

초5 : 사회 - 하나 된 겨레 - 삼국의 성립과 발전

초6 : 사회 - 우리 국토의 모습과 생활

고등 : 지구과학1 - 소중한 지구 - 아름다운 한반도

고등 : 한국사 - 근대 국가 수립 운동과 일본 제국주의의 침략

나. 수업 목표 : 신라장군 이사부가 우산국을 점령한 과정을 알아보고 역사적 의의를 설명할 수 있다.

다. 교수·학습 방법 및 지도상의 유의점

– 이사부와 당시의 시대적 배경을 살펴보기

– 만약 내가 이사부라면 당시 나는 어떻게 행동했을지 예상해보기

4. 본시 수업 지도안

도입

– 독도에 대한 영상 시청하기

전개

– 신라 지증왕 당시의 시대적 배경을 살펴보기

– 울릉도(우산국)를 정복하기 위한 이사부의 전략은 무엇인지 살펴보기

– 우산도의 의미 알아보기 : 우산도 → 우산국 → 돌섬 → 석도 → 독(돌의 방언)도

– 만약 내가 이사부라면 당시 나는 어떻게 행동했을지 예상해보기

정리

– 독도의 역사적 의미 설명하기

– 이사부의 전략 알아보기

– 주요 내용 : 이사부 지혜 – 신라 장군 이사부 이야기(신라 지증왕 13년), 512년
신라 장군 이사부가 지금의 울릉도(우산국)를 공격하러 감 : 우산국의 저항이 만만치 않음

→ 나라의 이름 사로 → 신라로 바꾸고
지증마립간 → 지증왕

이사부는 하슬라주 군주(강릉, 울진)
우산국은 섬나라라 육지 동물을 알지 못함

우해왕(우산국)
자신만만해하며 훈련하지 않고 방심

"우산국의 우해는 들어라,
항복하지 않으면 불바다로 만들 것이다."

이사부가 항복하지 않으면 사자를 풀어놓겠다고 함
이 사자는 육지에 사는 괴물이다.

처음 보는 나무 사자의 입에서 불이 나오는 것을 보고, 우산국에서 사기가 떨어짐

우해왕 – 우해
하슬라주 군주인 이사부에게 지도를 받는다.
오징어를 조공으로 바쳐야 한다.

우산도 → 우산국 → 돌섬 → 석도 → 독(돌의 방언)도

5. 수업 활동 결과물

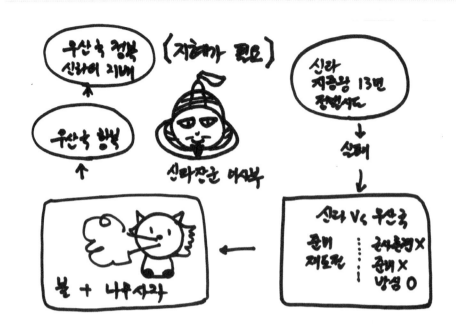

6. 수업 후 성찰	- 초등학생은 애니메이션 자료를 시청하게 하는 것이 주의 집중이나 활동 면에서 좋았다. 그러나 중고등학생은 애니메이션도 좋지만 역사 다큐 중심으로 시청하게 하는 것이 내용 파악하는 데 좀 더 도움이 되었다. - 학생들은 동영상을 시청하고 바로 비주얼씽킹하는 것을 어려워하였다. 그래서 학생들에게 동영상을 두 번 시청할 수 있도록 하거나, 텍스트로 된 내용을 먼저 읽히고 영상을 시청하는 방법, 또는 영상을 2~3분 정도씩 끊어서 시청하게 한 다음 비주얼씽킹을 하도록 안내하였다. 학생들이 가장 편하게 활동한 것은 영상을 2~3분 정도씩 끊어서 시청하게 한 다음 비주얼씽킹하도록 한 것이다.

[역사 비주얼씽킹]
신라 장군 이사부

학년　　반　　번
이름 :

1. 이사부는 어느 시대의 사람인지 조사해봅시다.

2. 이사부가 울릉도를 정복하기 위해 어떠한 전략을 사용했는지 조사해봅시다.

3. 이사부의 울릉도 정복을 통해서 알게 된 교훈을 설명해봅시다.

지식을 넘어 진정한 배움이
되는 환경·안전교육

환경·안전교육
비주얼씽킹

지구의 환경 오염에 대한 심각성은 오래전부터 이야기되어오고 있었지만 학생들의 환경 문제에 대한 인식은 매우 부족하다. 과거에는 환경이라는 교과를 통해서 좀 더 다양한 문제를 접할 수 있었지만, 현재는 과학 교과나 사회 교과의 일부분에 읽을 거리로 나와 있는 것이 전부이다. 학생들이 환경 문제에 대해 제대로 바라볼 수 있도록 관련 기사를 통해 비주얼 맵을 그려보면서 환경에 대한 전반적인 문제를 파악하고, 전혀 연관이 없어 보이는 주제를 통해 환경 문제는 우리의 행동 하나하나가 영향을 준다는 것을 알 수 있게 하며, '나만 노력한다고 되겠어?'라는 식의 생각이 '나 먼저라도 노력하자!'로 변화될 수 있도록 하는 활동을 8차시로 구성했다.

차시	주　　제
1차시	지구의 고민 알아보기
2차시	햄버거가 사막을 만든다고?
3차시	지구에는 6도의 비밀이 있다
4차시	방사능, 우리의 식탁은 안전한가?
5차시	꼬리가 길면 밟힌다, 탄소발자국
6차시	노 임팩트 맨 프로젝트
7차시	피할 수 없다면 줄이자, 미세먼지!
8차시	생존배낭 챙기기

먼저 1차시 '지구의 고민 알아보기'는 환경에 대한 전반적인 활동을 하기 위한 워밍업의 시간으로 환경 오염에 대한 문제를 나의 문제처럼 생각하고 있지 않는 학생들에게 조금이나마 나의 문제라고 인식할 수 있도록 하기 위한 활동이다.

02 ▶ 지구의 고민 알아보기

visual thinking

---

1. 제목 : 지구의 고민 알아보기

2. 수업의 의도

우리 주변에는 다양한 환경 문제들이 있다. 하지만 내가 직접 경험하고 있지 않기 때문에, 혹은 경험하고 있으나 심각하다고 느끼지 않기 때문에 학생들은 내가 주체적으로 환경 문제를 해결해야 하고, 적극적으로 동참해야 한다는 생각을 하지 못한다. 환경 문제를 다룬 기사를 통해 전반적인 문제를 파악하고, 환경 관련 공익광고 이미지를 통해 좀 더 깊이 이야기하면서 환경 문제의 심각성을 느낄 수 있도록 계획했다.

3. 수업 개요

가. 단원 : 2학년 Ⅲ. 기권과 우리 생활(단원 내 융합 수업)

나. 수업 목표 : 지구의 환경 문제를 알아보자.

다. 교수·학습 방법 및 지도상의 유의점

- 이 차시의 목표는 지구의 전반적인 환경 문제에 대해 학생들이 알아갈 수 있도록 하는 데 있다. 신문 기사를 비주얼 맵으로 표현해볼 수 있도록 했고, 환경 문제의 심각성을 나타내주는 공익광고 사진을 제시하여 어떤 문제의 심각성을 나타내는지를 알아보았다. 또한 환경 문제를 나타내는 재미있는 문장들을 통해 브레인스토밍해보도록 한 후 나만의 환경 문제 공익광고를 제작함으로써 문제 인식이 잘 되어 있는지에 대해서도 자연스럽게 확인하게 된다.

4. 과학과 본시 수업 지도안

도입

- 지금 내가 느끼고 있고, 알고 있는 환경 문제에 대해 이야기해보기

전개

- 환경 문제 관련 기사를 읽고 비주얼 맵으로 표현해보기
- 환경 관련 공익광고 이미지를 보고 나의 생각 적기
- 환경 문제를 표현하는 문장으로 브레인스토밍하기
- 모둠별로 자신이 표현한 비주얼 맵, 이미지에 대한 생각 공유하기

정리

- 나만의 공익광고를 디자인해보기
- 내가 디자인한 공익광고 공유하고 작품으로 제작하기

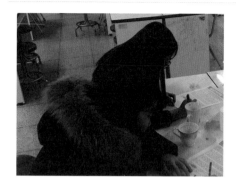

 [지구 지키기]

지구는 고민이 많다.

3 학년 6 반   번
이름 :

1. 아래의 글을 읽고 지구의 환경문제에 대해 생각해 보고, 비주얼 맵으로 표현해 보자.

생태계 질서가 무너지는 과정이 엄청나게 가속화한 것은 18세기의 산업 혁명부터이다. 산업 혁명을 계기로 이전과는 비교도 되지 않을 정도로 생산력이 높아졌고 높아진 생산력을 유지하는 데 적합한 소비 경제가 발달하였으며, 그 소비 경제를 유지하기 위하여 생산력의 강화가 더욱 촉진되었다. 이렇게 서로 상승되는 구조 속에서 더 많은 부가 창출됨과 함께 환경 파괴 또한 가속화되었다.

현재 인간이 생활하기 위하여 화석 연료를 태울 때 배출되는 가스나 자동차 매연 등으로 인하여 발생하는 대기 오염 물질은 모두 유독성이고 그 양이 많아 인류의 생태계에 많은 피해를 주고 있다. 질소 산화물과 탄화수소가 대기 중에 농축되어 있다가 태양광선 중 자외선과 화학 반응을 일으키면서 대기가 안개 낀 것처럼 변하는 광화학 스모그는 가장 대표적인 대기 오염 현상이다. 1952년 12월경에 발생한 영국 런던의 광화학 스모그는 9일 만에 런던 시민 2,800여 명이 사망하고, 총 8,000명이 목숨을 잃는 등 대기 오염의 치명적 위험성을 보여준 바 있다. 또한 이산화탄소와 같은 오염 물질로 인하여 발생하는 지구 온난화 문제는 전 세계적 관심사가 되고 있다. 지구 온난화 현상은 지금까지 인류 문명의 역사를 이룩한 기후 평형의 파괴를 가져올 수 있다는 점에서 전 지구적 차원의 위기로 여겨지고 있다.

2. 환경에 대한 공익광고 이다. 각 이미지는 무엇을 표현하고 했는지 나의 생각을 자유롭게 적어보자.

북극에 얼음이 녹아 집이 없어지는 북극곰을 나타낸 것이다	종이를 무분별하게 쓴다는 건 결국 나무가 있는 숲이 사라지는 것이다	배기가스를 계속 배출하면 결국 산소가 부족하다
물도 휴지처럼 조금씩 끊어서 절약하자	무분별한 전기 사용을 줄여야 한다	우리가 마시는 건 물뿐만 아니라 공기도 늘 마신다 그래서 공기를 깨끗하게 해야 한다
문화재를 보호하듯 나무를 아끼고 보호해야 한다	나무도 전기처럼 플러그를 달아 쓸 수 있게 해야 한다	일회용 컵을 사용하는 것은 결국 나무를 없애는 것이다

3. 환경문제를 표현해 주는 문장들이다. 각 문장들이 의미하는 것이 무엇일지 생각해보자.

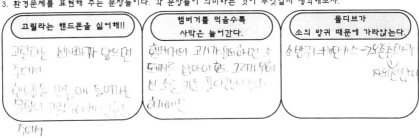

고릴라는 핸드폰을 싫어해!!

고릴라는 천배가 당으면 죽다며 핸드폰을 쓸때 마다 들어가는 물이나 고릴라에게 던진다 봐야서

햄버거를 먹을수록 사막은 늘어간다.

햄버거의 고기가 필요하면 소 돼지를 삼아야 한다. 그러기 위해 산 숲을 키운 물던다 이것을 하게되면

몰디브가 소의 방귀 때문에 가라앉는다.

소방귀→메탄가스→오존층파괴→지위선상승

4. 지구의 환경을 위한 '나만의 공익광고'를 개발하고 독특하게 만들어 보자.

나도 만들어 볼까? 공익광고

6. 수업 후 성찰	– 글 읽기를 어려워하는 학생이 있을 수 있다. – 일부 글 읽기를 어려워하는 학생의 경우 단락을 나눠 읽게 하고 어려운 단어가 있을 때 웹을 검색하거나 교사에게 언제든 물어볼 수 있도록 하는 배려가 필요하다. – 환경 관련 공익광고나 환경 문제 문장을 표현하고 이야기할 때 단순하게 끝내버릴 수 있다(충분히 의미를 담을 수 있도록 사전 지도). – 나만의 공익광고를 만들 때 기발하고 독특하게 표현하라는 것으로 인해 부담을 느낄 수 있다(꼭 복잡한 그림이 아닌 간단한 글로도 표현할 수 있다는 것을 지도).
7. 참고 자료	– '환경 보호 공익광고' 검색 이미지 또는 영상

[지구 지키기 1]
지구의 심각한 고민 듣기

학년　　반　　번
이름 :

1. 아래의 글을 읽고 지구의 환경 문제에 대해 생각해보고, 비주얼 맵으로 표현해 보자.

> 생태계 질서가 무너지는 과정이 엄청나게 가속화한 것은 18세기의 산업 혁명부터이다. 산업 혁명을 계기로 이전과는 비교도 되지 않을 정도로 생산력이 높아졌고 높아진 생산력을 유지하는 데 적합한 소비 경제가 발달하였으며, 그 소비 경제를 유지하기 위하여 생산력의 강화가 더욱 촉진되었다. 이렇게 서로 상승되는 구조 속에서 더 많은 부가 창출됨과 함께 환경 파괴 또한 가속화되었다.
>
> 현재 인간이 생활하기 위하여 화석 연료를 태울 때 배출되는 가스나 자동차 매연 등으로 인하여 발생하는 대기 오염 물질은 모두 유독성이고 그 양이 많아 인류의 생태계에 많은 피해를 주고 있다. 질소 산화물과 탄화수소가 대기 중에 농축되어 있다가 태양 광선 중 자외선과 화학 반응을 일으키면서 대기가 안개 낀 것처럼 변하는 광화학 스모그는 가장 대표적인 대기 오염 현상이다. 1952년 12월경에 발생한 영국 런던의 광화학 스모그는 9일 만에 런던 시민 2,800여 명이 사망하고, 총 8,000명이 목숨을 잃는 등 대기 오염의 치명적 위험성을 보여준 바 있다. 또한 이산화탄소와 같은 오염 물질로 인하여 발생하는 지구 온난화 문제는 전 세계적 관심사가 되고 있다. 지구 온난화 현상은 지금까지 인류 문명의 역사를 이룩한 기후 평형의 파괴를 가져올 수 있다는 점에서 전 지구적 차원의 위기로 여겨지고 있다.
>
> 환경 오염에서 대기 오염만큼 중요한 비중을 차지하는 것이 수질 오염이다. 특히 공장에서 무분별하게 정화되지 않은 채 방류된 대량의 폐수는 강물 속에 중금속 및 유기 물질을 쌓이게 한다. 이러한 중금속은 쉽게 제거되지 않고, 오염된 식수를 섭취한 생물체의 체내에 계속적으로 축적, 농축되는 특징을 가지고 있다. 일본에서 있었던 미나마타병, 이따이이따이병은 농토에 축적된 카드뮴과 어패류에 농축된 수은에 의하여 일어난 세계적인 수질 오염 피해 사례이다.
>
> 공장의 산업 폐기물, 가정의 생활 폐기물, 핵발전소에서 나오는 방사성 폐기물도 무시 못할 환경 문제이다. 광합성을 통하여 전 지구의 생물에게 에너지를 공급할 뿐만 아니라 토양 유실을 막고 산소를 공급해 지구의 허파 역할을 하는 산림이 도시나 공업 단지 건설, 가구나 펄프 이용을 위해 급속도로 사라져가는 점도 주요한 환경 문제이다. 아울러 갯벌과 습지 등의 매립, 과학 기술의 발달에 따른 유전자 조작 문제나 정보 통신의 발달과 함께 확산되는 전자파 문제 등이 새롭게 나타나고 있다.
>
> – 이상수, 《Basic 고교생을 위한 사회 용어사전》, 신원문화사, 2002

2. 환경에 대한 공익광고이다. 각 이미지는 무엇을 표현하고자 했는지 나의
   생각을 자유롭게 적어보자.

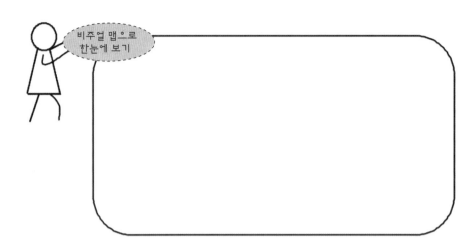

3. 환경 문제를 표현해주는 문장들이다. 각 문장들이 의미하는 것이 무엇일지
   브레인스토밍해보자.

고릴라는 핸드폰을 싫어해!!

햄버거를 먹을수록
사막은 늘어간다.

몰디브가
소의 방귀 때문에 가라앉았다.

4. 지구의 환경을 위한 '나만의 공익광고'를 기발하고 독특하게 디자인해보자.

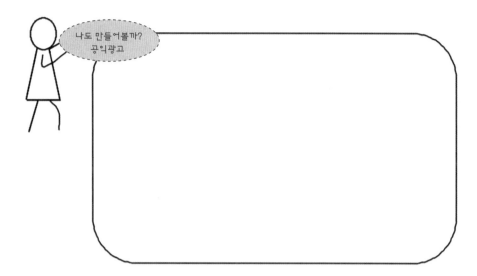

1. 제목 : 햄버거가 사막을 만든다고?

2. 수업의 의도

　지구의 다양한 환경 문제 중 대기 오염에 대한 문제를 청소년들이 손쉽게 먹고 있는 '햄버거'라는 음식을 매개로 이야기하고자 한다. 햄버거와 대기 오염이 무슨 연관이 있을지 처음에는 의아하게 생각할 수 있겠지만 생산 방법, 유통 과정 등을 사회 영역까지 확장시키면서 새로운 시각으로 환경 문제를 바라볼 수 있을 것으로 생각된다.

3. 수업 개요

　가. 단원 : 2학년 Ⅲ. 기권과 우리 생활(단원 내 융합 수업)

　나. 수업 목표 : 햄버거 섭취 횟수를 줄이는 것이 사막화를 막을 수 있을지 알아보자.

　다. 교수·학습 방법 및 지도상의 유의점

　　　－ 이 차시의 목표는 지구의 전반적인 환경 문제 중 대기 오염에 대한 부분을 학생들이 전혀 생각해 보지 않았던 '햄버거'를 매개로 생각해보도록 하는 데 있다. 햄버거 만드는 과정을 비주얼씽킹으로 표현해볼 수 있도록 했고, '햄버거' 하면 떠오르는 것을 이야기한 후 지속적으로 섭취할 경우 어떤 문제가 발생할 수 있을지 이야기해보는 시간을 갖는다. 또한 햄버거 때문에 열대우림이 파괴되고 있다는 뜻이 무엇인지 비주얼 맵으로 알아본 후, 열대우림이 우리에게 어떤 역할을 해주는지에 대해 이야기하고 사막화까지 연결시킬 수 있도록 한다. 환경 운동가 가브리엘 가드리가 말했던 '햄버거 커넥션'의 이야기를 공유하면서 사회적 문제까지 확장할 수 있도록 한다.

4. 과학과 본시 수업 지도안

　도입

　　－ 내가 생각하는 햄버거는 어떤 음식일까?

　전개

　　－ 나만의 햄버거를 만드는 과정을 비주얼씽킹으로 표현하고 청소년에게 미치는 영향 생각해보기

　　－ 햄버거와 열대우림은 어떤 관계가 있는지 비주얼 맵으로 표현해보기

　　－ 열대우림의 역할, '햄버거 커넥션'의 의미가 무엇인지 생각해보기

　　－ 모둠별로 자신이 표현한 비주얼씽킹, 비주얼 맵에 대한 생각 공유하기

　정리

　　－ 햄버거의 패티를 환경에 영향을 주지 않고 만들 수 있는 방법 찾아보기

　　－ 친구들에게 햄버거를 먹음으로써 생기는 환경 문제 적극적으로 홍보하기

5. 수업 활동 결과물

 [지구 지키기2]
햄버거가 사막을 늘린다.

3 학년 8 반 번
이름 :

1. 내가 아는 햄버거는 어떤 음식인지, 유래는 어떻게 되는지, 만드는 과정은 어떻게 되는지 글과 그림으로 표현해 보자.

<나만의 햄버거를 만드는 과정>

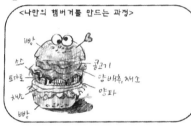

<내가 생각하는 햄버거는 어떤 음식이며, 청소년들에게 어떤 영향을 끼치는가?>

- 빨리 먹을 수 있다.
- 한 개만 먹어도 배부르다 (거의)
- 살찐다.
- 종류가 다양하다.

2. '햄버거 때문에 열대우림이 파괴되고 있다'고 한다. 문장의 의미는 무엇일지 비주얼 맵으로 표현해 보자.

3. 열대우림이 파괴되고 있다는 것은 무슨 의미일까? 열대우림이 하는 일이 무엇이며, 점점 파괴되어 간다면 어떤 일이 벌어질지, 사막화까지 연결시켜 이야기 해 보자.

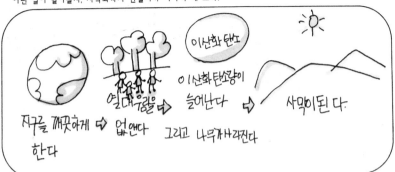

햄버거가 사막을 늘린다.

학년   반   번

이름 :

1. 내가 아는 햄버거는 어떤 음식인지, 유래는 어떻게 되는지, 만드는 과정은 어떻게 되는지 글과 그림으로 표현해 보자.

2. '햄버거 때문에 열대우림이 파괴되고 있다' 고 한다. 문장의 의미는 무엇일지 비주얼 맵으로 표현해 보자.

3. 열대우림이 파괴되고 있다는 것은 무슨 의미일까? 열대우림이 하는 일이 무엇이며, 점점 파괴되어 간다면 어떤 일이 벌어질지, 사막화까지 연결시켜 이야기 해 보자.

바가 가득 내려서
열대우림은 풀이 많은 지역이며, 나무가 많은 곳이다. 그때에 꾸준히 산업화로 인해 오염되고 있는 가미에 그나마의 균형과 깔따즘 해주는 웅아기도 하며, 누군가에겐 집이되는 곳이기도하고 나아가 우리 모두의 삶의 터전과 마찬가지인셈이다. 햄버거가 사람들 사이에서 급속도로 많이 통용되어 매축이 오면 이에 기덤돈은 그의 중심인 패티를 위해 소를 더 방목하게 되고, 또 그를 위해 화전하여 방목강을 늘려 더 많은 생산량을 얻게 된다. 후에 이런 일이 지속적으로 진행될경우, 사막화가 심각해지고, 즉, 우리는 더이상 지켜올 자연과 균형 위험에 처하게 된다는 것이다

4. '햄버거 커넥션'은 멕시코의 환경 운동가인 가브리엘 과드리가 북아메리카와 중앙아메리카의 관계에 대해 사용한 용어이다. 다음 그림을 보면서 과드리가 이야기 하고 싶었던 것이 무엇인지 생각해 보자.

남아메리카의 사람들이 중앙 아메리카 사람들의 노동력으로 돈을 벌고, 중앙아메리카 사람들은 저렴 임금과 모든 노동력을 제공하고, 이에 지친 사람들은 떠나고 있다. 남쪽 요 중앙 아메리카에서 재배된 상품은 북아메리카에서 수입하여 그들은 더욱 편리하게 잘 살게 되고, 웃나는 사람들은 계속 웃상기 된다

5. 우리가 지금까지 먹고 있는 햄버거를 줄이기 위해서 대체할 수 있는 방법은 무엇일까? 다양한 의견을 내 보세요.

① 햄버거에 들어가는 패티를 "계란"으로 한다
② " "콩고기" "
③ " "돼지고기" "
④ " "오리고기" "
⑤ " "떡" "

6. 수업 후 성찰	- 단순히 햄버거를 음식으로만 생각하는 학생의 경우 좀 더 깊이, 넓게 확장하는 것에 어려움을 겪을 수 있다. 웹을 검색하거나 교사가 확산적 사고를 할 수 있도록 이끄는 과정이 필요하다. - 햄버거와 열대우림과의 관계를 비주얼 맵으로 표현하는 활동에서 글, 그림에 어려움을 겪는 학생에게는 좀 더 간단한 활동을 하게 함으로써 자신감을 갖도록 지도가 필요하다. - '햄버거 커넥션'을 주장한 환경 운동가의 의도를 표현하는 과정에서 아메리카의 지리적, 사회적 환경 관련 자료를 제공할 경우 더 깊이 있는 대화가 가능하다.
7. 참고 자료	- 가축 생산이 끼치는 영향, 지구 온난화 blog.naver.com/greenstartkr/220393766255 - 뜨거워지는 지구, 급증하는 기상 이변, 왜? tv.naver.com/v/1240581

1. 내가 아는 햄버거는 어떤 음식인지, 유래는 어떻게 되는지, 만드는 과정은 어떻게 되는지 글과 그림으로 표현해보자.

〈나만의 햄버거를 만드는 과정〉

〈내가 생각하는 햄버거는 어떤 음식이며, 청소년들에게 어떤 영향을 끼치는가?〉

2. '햄버거 때문에 열대우림이 파괴되고 있다'고 한다. 이 문장의 의미는 무엇일지 비주얼 맵으로 표현해보자.

3. 열대우림이 파괴되고 있다는 것은 무슨 의미일까? 열대우림이 하는 일이 무엇이며, 점점 파괴되어간다면 어떤 일이 벌어질지, 사막화까지 연결시켜 이야기해보자.

4. '햄버거 커넥션'은 멕시코의 환경 운동가인 가브리엘 과드리가 북아메리카와 중앙아메리카의 관계에 대해 사용한 용어이다. 다음 그림을 보면서 과드리가 이야기하고 싶었던 것이 무엇인지 생각해보자.

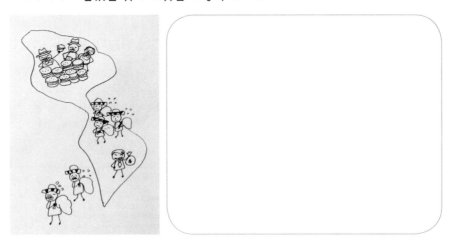

5. 우리가 지금까지 먹고 있는 햄버거를 줄이기 위해서 대체할 수 있는 방법은 무엇일까? 다양한 의견을 내보자.

1. 제목 : 지구에는 6도의 비밀이 있다

2. 수업의 의도

지구의 다양한 환경 문제 중 대기 오염에 대한 문제를 〈KBS 명견만리〉에서 방송인 타일러 라쉬가 강연한 '6도의 비밀'이라는 영상을 매개로 이야기하고자 한다. 학생들이 수업을 통해서 배우는 온도는 뜨겁고 차가운 정도를 수치로 나타낸 것이다. 실생활에서의 온도 또한 춥다, 덥다, 뜨겁다, 차갑다 등의 정형적인 경험을 하기 때문에 '지구의 온도가 1도 상승한다면 어떤 일이 일어날 것인지'에 대한 물음의 의미를 의아하게 생각하는 것이 사실이다. 지난 100년간 지구의 온도가 0.74도 상승했는데 과거에 비해 어떤 환경 변화가 있었는지 이야기해보는 시간을 통해서 지구 온난화에 대한 인식을 새롭게 할 수 있을 것으로 생각된다.

3. 수업 개요

가. 단원 : 2학년 III. 기권과 우리 생활(단원 내 융합 수업)

나. 수업 목표 : 6도 안에 숨겨진 지구의 비밀이 무엇인지 알아보자.

다. 교수·학습 방법 및 지도상의 유의점

　－이 차시의 목표는 지구의 전반적인 환경 문제 중 대기 오염에 대한 부분을 '6도의 비밀'이라는 영상을 매개로 생각해보도록 하는 데 있다. 영상에서 소개한 책《6도의 멸종》의 구체적인 내용을 텍스트로 가지고 와서 지구의 온도가 1도 올라갈 때 지구의 자연이 어떻게 변화가 될 것인지에 대해 비주얼씽킹으로 표현해본다. 학생들이 이를 통해 지구의 온도 변화가 얼마나 큰 재앙을 가져오는지 깊이 생각해보는 시간을 갖게 하고, 최근 우리나라의 환경 변화 중 자신들이 직접 심각한 것 같다고 생각했던 변화를 적어보게 함으로써 미래의 일이 아닌 현재 진행 중인 변화라는 것을 인식시킬 수 있도록 한다.

4. 과학과 본시 수업 지도안

도입

　－지난 100년 동안 지구의 평균 온도는 0.74도, 한반도는 1.5도 상승했다. 어떤 변화가 있었을까?

전개

　－'6도의 비밀' 영상 시청 후 비주얼씽킹으로 표현하면서 지구의 입장에서 1도 상승의 의미 알아보기

　－최근 내가 경험했던 이상 기후에 대해 이야기해보기

　－지구 온난화를 막기 위해 국가적 차원에서 하고 있는 일이 무엇인지 알아보기

　－내가 오늘부터 실천할 수 있는 개인적 노력은 무엇이 있을지 표현해보기

　－지구 온난화를 막기 위해 대체할 수 있는 에너지가 무엇인지 알아보기

　－모둠별로 자신이 표현한 비주얼씽킹에 대한 생각 공유하기

정리
- 내가 알고 있던 1도와 지구의 1도는 어떤 차이점이 있는지 이야기해보기
- 자신이 실천하고자 다짐한 것에 대한 구체적 방법 이야기하기

5. 수업 활동 결과물

[지구 지키기3]
지구에는 6℃의 비밀이 있다.

학년   반   번
이름 :

※ 지난 100년간 지구의 평균온도는 약 0.74℃, 한반도의 온도는 1.5℃ 증가했다. 겨우 1℃ 가지고 왜 이렇게 심각하다고 이야기 하는 사람들이 많지만 온도가 1℃ 상승할 때 마다 어떤 일이 벌어질지 알게 된다면 심각성을 피부로 느낄 수 있을 것이다.

1. 다음 글을 읽고 그림으로 표현해 보세요.

1℃ 상승
알프스 산맥의 만년설이 녹아 산사태와 홍수가 발생한다. 30만명 이상이 말라리아, 영양부족, 설사 등 기후 관련 질병으로 사망한다. 안데스 산맥의 빙하가 다 녹아 없어져 500만명이 물 부족으로 고통을 받는다. 생명체의 10% 멸종.

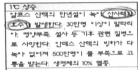

2℃ 상승
유럽에서는 폭염 때문에 수십만명이 사망한다. 아프리카에서는 4000~6000만명이 말라리아에 감염된다. 해안 지역 주민 1000만 명이 홍수 피해를 입습니다. 북극곰 등 생물 15%~40% 멸종.

3℃ 상승
해양 대순환이 정지한다. 1억 5000만~5억 5000만 명이 굶주림으로 고통을 당한다. 남부 유럽은 10년마다 극심한 가뭄에 시달리고 아마존 열대 우림이 붕괴된다. 강력한 허리케인이 멸쳐 수억~수십억 명의 환경 난민이 발생한다. 생물종 20%~50% 멸종.

4℃ 상승
툰드라 지역이 절반으로 줄어들고 지구상의 모든 빙산이 사라진다. 툰드라 지역에 갇혀있던 이산화탄소와 메탄이 대기로 빠져나와 온난화가 더욱 가속된다. 이탈리아, 스페인, 그리스, 터키 등이 사막으로 변하고 해수면 상승으로 인해 7000만~3억명이 홍수 피해를 입는다.

5℃ 상승
히말라야 빙하가 다 녹아 없어져 중국 인구의 1/4과 인도의 수억명이 물부족 사태를 겪는다. 바다 속에 갇혀 있던 메탄하이드레이트가 방출되어 온실 효과가 가중된다. 대규모 지진과 해일이 발생한다.

6℃ 상승
빙하시대와 현재 온도 차가 섭씨 6℃ 이다. 따라서 지구는 2억 5000만년 전의 지질 시대로 다시 돌아간다. 생물종 95% 이상 멸종.

2. 한반도의 온도가 올라가면서 생긴 환경 변화 중 내가 직접 느끼는 변화는 무엇이 있을까?

여름에 특히 열대야를 심하게 많이 느꼈다.
32° → 34° 열사병으로 많은 사람들 사망 태풍 가뭄

3. 지구온난화가 심각하고, 우리가 해결해야 할 문제는 "이산화탄소와 같은 온실가스 '줄이기' 이다. 국제적 노력이 아래의 내용이라면, 우리 개인적으로 어떤 노력이 필요할지 이야기 보자.

> <국제적 노력>
> 세계 여러 나라들은 온실가스 배출량을 줄이기 위한 노력으로 1992년 기후변화협약을 만들고, 1997년 기후변화협약의 구체적인 이행 방안에 대한 지침을 담은 교토의정서를 만들었다. 교토의정서는 1997년에 채택되어 2005년 공식 발효되었으며, 1차 의무 이행 대상국인 미국, 캐나다, 오스트레일리아, 유럽연합(EU) 회원국, 일본 등 38개국은 2008~2012년 사이에 온실가스 배출량을 1990년 기준으로 최소한 5.2% 감축하기로 하고, 경제협력개발기구(OECD) 회원국들은 5% 이상을, 2차 의무 이행 대상국은 2013~2017년 사이에 온실가스 배출량을 감축하도록 했다. 그러나 감축 의무를 부여받은 선진국 중에서 감축을 이행하지 않거나, 아예 이탈하는 국가까지 등장하면서 기존 접근법만으로는 기후 변화에 효과적으로 대응할 수 없음을 깨닫게 됐고, 협정 당사국들은 교토의정서 체제 이후의 기후 변화 대응 체제 구축을 위해 모든 당사국에 적용되는, 지구의 평균 기온 상승을 2℃ 이내보다 낮은 수준으로 유지하기로 한 '신기후체제(Post 2020)' 에 합의했다.

< 개인적 노력 > - 가능한 많은 부분 실천 가능한 것들을 글과 그림으로 표현해 보자.

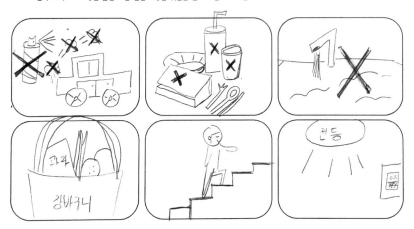

4. 지구온난화의 주범인 이산화탄소의 양이 많아진 가장 큰 원인으로 알려진 것은 산업혁명이었다. 산업혁명 때부터 석유와 석탄 같은 화석 연료를 발견하고, 지금까지 사용해 오고 있는데 화석연료는 점점 고갈되어 향후 40년 밖에 사용량이 남지 않았다고 한다. 그렇다면 이런 문제를 해결하기 위해 어떤 대체에너지를 개발하고 있는지 알아보자.

6. 수업 후 성찰	- 글을 읽고 그림으로 표현하는 것에 어려움이 있는 학생의 경우 간단한 표현으로도 충분히 가능하다는 것을 인식시켜 자신감을 갖도록 지도한다. - 지구의 온도 상승에 따라 나타나는 현상들이 피부로 와 닿지 않아 어려워하는 학생의 경우 웹 검색을 통해 좀 더 다양한 정보를 찾아볼 수 있도록 하는 배려가 필요하다. - 기후변화협약, 교토의정서, 발리로드맵 등의 용어 등은 모둠별 이야기를 충분히 하면서 의견을 나눌 수 있도록 지도한다.
7. 참고 자료	- 타일러 라쉬의 '6도의 비밀' tv.naver.com/v/1090616 - 마크 라이너스, 《6도의 멸종》, 이한중 옮김, 세종서적, 2014

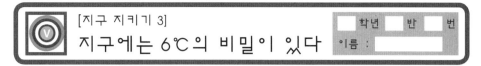

지구에는 6℃의 비밀이 있다

학년 ☐ 반 ☐ 번 ☐
이름 :

※ 지난 100년간 지구의 평균 온도는 약 0.74℃, 한반도의 온도는 1.5℃ 증가했다. '겨우 1℃ 가지고 왜 이렇게 심각하다고 이야기할까?' 의아해하는 사람들이 많지만 온도가 1℃ 상승할 때마다 어떤 일이 벌어질지 알게 된다면 심각성을 피부로 느낄 수 있을 것이다.

1. '6도의 비밀' 영상을 본 후 비주얼씽킹으로 표현해보자.

1℃ 상승	2℃ 상승	3℃ 상승
알프스 산맥의 만년설이 녹아 산사태와 호수가 발생한다. 30만 명 이상이 말라리아, 영양 부족, 설사 등 기후 관련 질병으로 사망한다. 안데스 산맥의 빙하가 다 녹아 없어져 500만 명이 물 부족으로 고통을 받는다. 생명체의 10% 멸종.	유럽에서는 폭염 때문에 수십만 명이 사망한다. 아프리카에서는 4,000~6,000만 명이 말라리아에 감염된다. 해안 지역 주민 1,000만 명이 홍수 피해를 입는다. 북극곰 등 생물 15~40% 멸종.	해양 대순환이 정지한다. 1억 5,000만~5억 5,000만 명이 굶주림으로 고통을 당한다. 남부 유럽은 10년마다 극심한 가뭄에 시달리고 아마존 열대우림이 붕괴된다. 강력한 허리케인이 덮쳐 수억~수십억 명의 환경 난민이 발생한다. 생물종 20~50% 멸종.

4℃ 상승	5℃ 상승	6℃ 상승
툰드라 지역이 절반으로 줄어들고 지구상의 모든 빙상이 사라진다. 툰드라 지역에 갇혀 있던 이산화탄소와 메탄이 대기로 빠져나와 온난화가 더욱 가속된다. 이탈리아, 스페인, 그리스, 터키 등이 사막으로 변하고, 해수면 상승으로 인해 7,000만~3억 명이 홍수 피해를 입는다.	히말라야 빙하가 다 녹아 없어져 중국 인구의 1/4과 인도의 수억 명이 물 부족 사태를 겪는다. 바다 속에 갇혀 있던 메탄 하이드레이트가 방출되어 온실 효과가 가중된다. 대규모 지진과 해일이 발생한다.	빙하시대와 현재 온도 차이가 섭씨 6℃이다. 따라서 지구는 2억 5,000만 년 전의 지질시대로 다시 돌아간다. 생물종 95% 이상 멸종.

2. 한반도의 온도가 올라가면서 생긴 환경 변화 중 내가 직접 느끼는 변화는 무엇이 있을까?

3. 지구 온난화가 심각하고, 우리가 해결해야 할 문제는 이산화탄소와 같은 온실가스 '줄이기'이다. 국제적 노력이 아래의 내용이라면, 우리 개인적으로 어떤 노력이 필요할지 이야기해보자.

〈국제적 노력〉

　　세계 여러 나라들은 온실가스 배출량을 줄이기 위한 노력으로 1992년 기후변화협약을 만들고, 1997년 기후변화협약의 구체적인 이행 방안에 대한 지침을 담은 교토의정서를 만들었다. 교토의정서는 1997년에 채택되어 2005년 공식 발효되었으며, 1차 의무 이행 대상국인 미국, 캐나다, 오스트레일리아, 유럽연합(EU) 회원국, 일본 등 38개국은 2008~2012년 사이에 온실가스 배출량을 1990년 기준으로 최소한 5.2% 감축하기로 하고, 경제협력개발기구(OECD) 회원국들은 5% 이상을, 2차 의무 이행 대상국은 2013~2017년 사이에 온실가스 배출량을 감축하도록 했다. 그러나 감축 의무를 부여받은 선진국 중에서 감축을 이행하지 않거나, 아예 이탈하는 국가까지 등장하면서 기존 접근법만으로는 기후 변화에 효과적으로 대응할 수 없음을 깨닫게 됐고, 협정 당사국들은 교토의정서 체제 이후의 기후 변화 대응 체제 구축을 위해 모든 당사국에 적용되는, 지구의 평균 기온 상승을 2℃ 이내보다 낮은 수준으로 유지하기로 한 '신기후체제(Post 2020)' 에 합의했다.[1]

< 개인적 노력 > - 가능한 많은 부분 실천 가능한 것들을 글과 그림으로 표현해보자.

4. 지구 온난화의 주범인 이산화탄소의 양이 많아진 가장 큰 원인으로 알려진 것은 산업 혁명이었다. 산업 혁명 때부터 석유와 석탄 같은 화석 연료를 발견하고 지금까지 사용해오고 있는데, 화석 연료는 점점 고갈되어 향후 40년밖에 사용량이 남지 않았다고 한다. 그렇다면 이런 문제를 해결하기 위해 어떤 대체 에너지를 개발하고 있는지 알아보자.

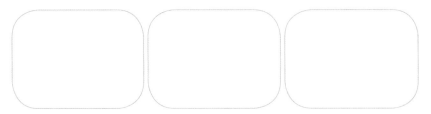

1. KISTI의 과학향기 칼럼 〈기후변화의 새로운 길을 찾다, 파리협정〉 참조 및 인용

05 방사능, 우리의 식탁은 안전한가?

1. 제목 : 방사능, 우리의 식탁은 안전한가?

2. 수업의 의도

2011년 일본 후쿠시마 원전 사고로 인한 방사능 유출 문제가 심각한 상황이다. 하지만 시간이 지날수록 방사능 오염에 대한 위험성을 제대로 인식하기보다는 '어떻게 되겠어?', '오래 살 거 아닌데 뭐' 식의 사고로 안일하게만 생각하는 사람들이 많아지고 있는 것 같다. 도대체 원자력 발전이 무엇이기에 그 위험성에도 불구하고 이렇게 많은 원자로를 짓게 된 것인지 생각해보고, 우리나라에 어떤 영향을 주는지, 그로 인해 우리 먹거리는 안전한지 등에 대한 전반적인 것을 고민해볼 수 있는 활동이다.

3. 수업 개요

가. 단원 : 1학년 Ⅶ. 수권의 구성과 순환(단원 내 융합 수업)

나. 수업 목표 : 원자력 발전에 대한 이해와 그것이 우리 먹거리와 어떤 관계가 있을지 알아보자.

다. 교수·학습 방법 및 지도상의 유의점

– 이 차시에서는 지구의 전반적인 환경 문제 중 원자력에 대한 부분을 후쿠시마 원전 피해를 매개로 생각해보도록 했다. 원자력 발전의 원리를 비주얼씽킹으로 표현하고, 우리나라 주변에 흐르는 해류의 이동을 생각하면서 후쿠시마 원전 사고로 방출된 방사능이 어떤 방향으로 이동하고, 몇 년 후에는 우리나라에 어떻게 영향을 줄 것인지 생각해본다. 또한 먹거리 오염으로부터 안전을 지키는 방법을 찾아보고, 마지막으로 '탈핵' 관련 영상을 통해 탈핵에 대해 어떻게 생각하는지 표현하고, 전체 공유하면서 사회적 문제까지 확장할 수 있도록 한다.

4. 과학과 본시 수업 지도안

도입 : 방사능, 우리의 식탁은 안전한가?

전개

– 원자력 발전의 원리를 비주얼씽킹으로 표현하면서 정확히 알기

– 일본에서 일어났던 원전 사고로 인해 유출된 방사능은 해류를 통해 어떻게 흐르고 있는지 표현해보기

– 방사능 유출이 우리에게 미치는 영향은 무엇인지 생각하고 적어보기

– 우리나라 원자력 발전소에서 발생되는 방사성 폐기물은 어떻게 처리가 되는지 웹 또는 도서를 통해 찾아보고 이야기하기

- 식품안전처에서 방사능에 노출된 식품들을 수입하는 기준과 절차가 다른 나라와 비교했을 때 어떻게 다른지 기사를 읽고 비주얼씽킹으로 표현해보기
- 우리 식탁이 안전하기 위해서는 어떻게 하면 좋을지 표현하고 이야기해보기
- '탈핵' 관련 영상을 통해 모둠별로 자신의 생각 공유하기

정리
- '탈핵'을 주장하는 시민단체에 대해 더 다양한 자료 찾아보기
- 친구들에게 방사능에 대한 위험성에 대해 적극적으로 홍보하기

5. 수업 활동 결과물

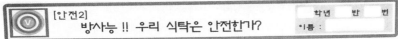

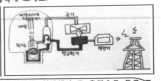
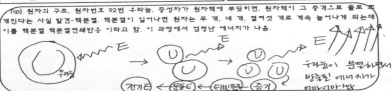
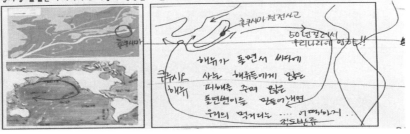

3. 과거에 원전사고가 있었던 체르노빌, 후쿠시마 지역의 환경은 어떻게 달라졌을까요? 방사성 물질의 유출이
   사람들에게 미치는 영향은 무엇일까요?

우라늄 유출로 인하여 기형아가 탄생하고, 식물도 기형이 되고
사람도 암 발병률이 높아진다. 토양은 오염되어 어떤 식물도 남을 수 없고,
지속적으로 갈아 엎어 줘야한다.

4. 세계의 많은 나라들은 왜 원자력 발전소를 건설하려고 할까요? 우리나라는 원자력 발전소가 몇 개나 있을
   까요? 원자력 발전소에서 나오는 방사성 폐기물은 어떻게 처리될까요? 웹 검색을 통해 글과 그림으로 정리
   해 보세요.

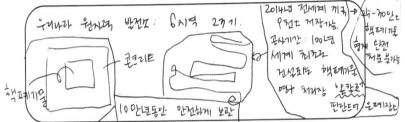

5. 우리는 안전하게 먹을 권리가 있다. 방사능에 노출되어 있는 식품을 우리는 오늘도 우리의 식탁에서 먹고 있을지 모른
   다. 이런 먹거리 오염으로부터 안전을 지키는 방법을 생각해 보세요.

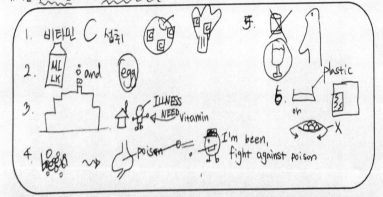

6. '탈핵 '을 주장하는 이유는 무엇일까요? 동국대 김익중 교수님의 탈핵 강의를 보고 이야기 해 보자.

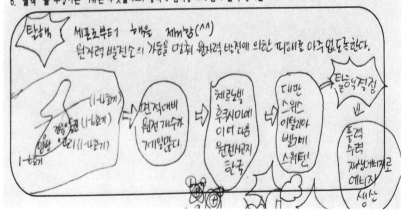

6. 수업 후
성찰
	- 탈핵을 주장하는 이유에 대해 학생들과 충분한 대화가 필요하다.
	- 원자력 발전의 원리가 다소 추상적일 수 있어, 생산되는 에너지를 구체적으로 비교할
	  수 있는 자료가 필요할 수 있다.
	- 방사성 원소가 생소할 수 있어 원소 주기율표에 나오는 원소에 대한 이야기를 통해 익
	  숙해질 수 있도록 하는 과정이 필요하다.
	- 읽기를 어려워하는 학생의 경우 단락을 나눠 읽게 하고 어려운 단어가 있을 때 웹을
	  검색하거나 교사에게 언제든 물어볼 수 있도록 하는 배려가 필요하다.
	- '탈핵' 관련 영상에서 어려운 부분이 나올 경우 영상을 보는 중에라도 중심 내용을 적
	  어두게 한 후 물어볼 수 있도록 지도한다.

7. 참고 자료	- 동국대 김익중 교수의 '탈핵' 관련 영상
	  tvpot.daum.net/v/79360759
	- 방사능 오염의 심각성
	  tv.kakao.com/channel/2734393/cliplink/302958354

[지구 지키기 4]
방사능, 우리 식탁은 안전한가?

1. 다음은 2011년 일본 후쿠시마 원전 사고의 기사와 원자력 발전소 내부 기계 설계도입니다. 원자력 발전소는 어떻게 해서 에너지를 만들어내는지 기본 구조를 보면서 생각해보세요.

2011년 3월 11일 일본 도호쿠[東北] 지방 앞바다의 대지진과 지진 해일(쓰나미)로 인하여 후쿠시마 제1 원자력 발전소에서 발생한 사고로 발전소가 침수되어 전원 및 냉각 시스템이 파손되면서 핵연료 용융과 수소 폭발로 이어졌다. 이로 인해 다량의 방사성 물질이 누출되어 후쿠시마 앞바다로 유입된다고 한다.

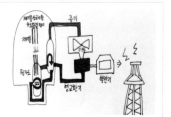

Tip) 원자의 구조, 원자번호 92번 우라늄, 중성자가 원자핵에 부딪히면, 원자핵이 그 충격으로 둘로 쪼개진다는 사실 발견(핵분열). 핵분열이 일어나면 원자는 두 개, 네 개, 열여섯 개로 계속 늘어나게 되는데 이를 핵분열 연쇄 반응이라고 함. 이 과정에서 엄청난 에너지가 나옴.

2. 다음 그림은 우리나라와 일본 주변의 해류의 모습입니다. 후쿠시마 원전 사고지를 찾아보고, 사고로 유출된 방사성 물질은 우리나라에 어떻게 영향을 미칠지 해류와 연관 지어 이야기해보세요.

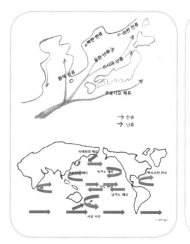

3. 과거에 원전 사고가 있었던 체르노빌, 후쿠시마 지역의 환경은 어떻게 달라졌을까요? 방사성 물질의 유출이 사람들에게 미치는 영향은 무엇일까요?

4. 세계의 많은 나라들은 왜 원자력 발전소를 건설하려고 할까요? 우리나라는 원자력 발전소가 몇 개나 있을까요? 원자력 발전소에서 나오는 방사성 폐기물은 어떻게 처리될까요? 웹 검색을 통해 글과 그림으로 정리해보세요.

5. '우리는 안전하게 먹을 권리가 있다. 방사능에 노출되어 있는 식품을 우리는 오늘도 우리의 식탁에서 먹고 있을지 모른다'. 이런 먹거리 오염으로부터 안전을 지키는 방법을 생각해보세요.

6. '탈핵'을 주장하는 이유는 무엇일까요? 동국대 김익중 교수님의 탈핵 강의를
   보고 이야기해보세요.

06 꼬리가 길면 밟힌다, 탄소발자국

‹⌒› visual thinking

1. 제목 : 꼬리가 길면 밟힌다, 탄소발자국

2. 수업의 의도

우리 생활 환경이 풍요로워지면서 점점 불필요한 물건들을 산다거나, 사용하지도 않은 물건을 버리는 경우가 잦아진 것이 사실이다. 또한 가까운 거리도 걸어가기보다는 연료가 필요한 자동차를 이용하는 경우도 다반사이다. 이에 지구 온난화의 주범인 탄소는 점점 더 증가하고 있고 전 세계적으로 제한하지 않으면 안 되는 지경에 놓이게 되었다. 우리가 인식하지 못하는 사이 발생되는 탄소를 조금이나마 줄일 수 있는 방법으로 매일매일 내가 발생시키는 CO_2 양이 얼마만큼이 되는지 알아보면서 나 또한 지구 온난화의 주범임을 인식하는 일이 중요할 것으로 생각되며, 이를 도와주기 위한 활동이다.

3. 수업 개요

가. 단원 : 2학년 Ⅲ. 기권과 우리 생활(단원 내 융합 수업)

나. 수업 목표 : 내가 일상생활 중 만들어내는 CO_2 양을 꾸준히 기록해봄으로써 지구 온난화에 대한 문제를 제대로 인식할 수 있다.

다. 교수·학습 방법 및 지도상의 유의점

– 탄소발자국의 정확한 의미를 알고, 내가 오늘 남긴 탄소발자국은 무엇인지 비주얼씽킹으로 표현해 본다. 일상생활에서 표기되는 탄소 발생량을 함께 이야기하면서 수치로 나타나는 CO_2 양을 우리가 피부로 느낄 수 있게 하려면 어떻게 비교해보면 좋은지에 대해서 고민해보고, 실제 내가 하루를 지내 면서 만들어낸 탄소의 양을 계산해봄으로써 환경을 지키는 일에 동참할 수 있도록 유도한다.

4. 과학과 본시 수업 지도안

도입

– 내가 오늘 남긴 탄소발자국은 무엇일까?

전개

– 영상 '1g과의 전쟁, 탄소를 줄여라'를 본 후 중심 내용과 소감을 비주얼씽킹으로 표현하기

– 내가 하루 일과 중 남긴 탄소발자국을 비주얼씽킹으로 표현한 후 이야기하기

– 일상생활에서 우리가 사용하는 생활용품, 이동 수단 등의 탄소 발생량 알아보기

– 평소 내가 궁금해하는 물건 또는 이동 수단 등의 탄소 발생량은 얼마나 되는지 웹상 자료를 통해 확인하고 이야기하기

– 내가 비주얼씽킹으로 표현했던 '내 하루 탄소발자국'을 CO_2 양으로 나타내보기

– 나의 탄소 발생량을 줄이기 위해서 할 수 있는 노력이 무엇이고, 국가적으로 해야 하는 것이 무엇 인지 이야기하기

정리
- '탄소발자국 기록장' 사이트를 활용하여 나의 탄소 발생량을 체크해보기
- 친구들이 탄소발자국 활동에 동참할 수 있도록 하려면 어떻게 해야 할지 고민해보기

5. 수업 활동 결과물

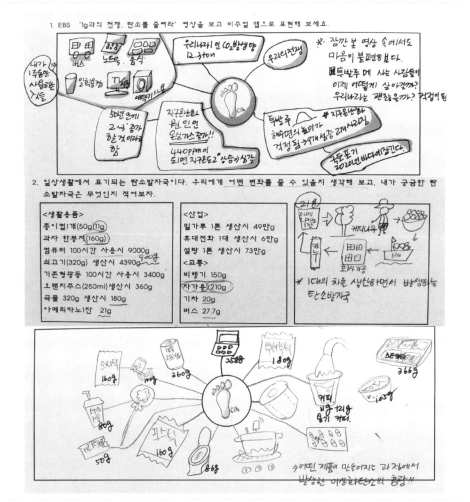

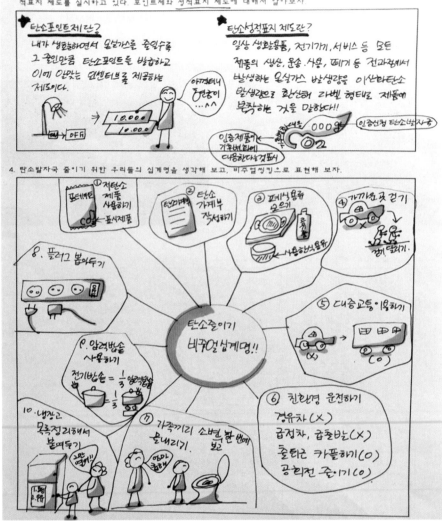

6. 수업 후 성찰
- 탄소발자국에 대한 의미를 정확하게 인식시켜주기 위한 다양하고 쉬운 예시가 필요하다.
- 탄소 발생량을 줄이기 위해 정부에서 하고 있는 다양한 시책에 대해 정보를 찾고, 공유하는 활동이 필요하다.
- 내가 남긴 탄소발자국을 실제 CO_2 양으로 환산하여 계산할 때 수치적으로 나타난 CO_2 양이 얼마나 환경에 영향을 주는지에 대해 비유해서 알려주는 것이 필요하다.

7. 참고 자료
- 〈EBS 하나뿐인 지구〉 '1g과의 전쟁, 탄소를 줄여라' 영상
  youtu.be/u5CbfvAUR_E
- 탄소발자국 기록장
  www.kcen.kr/cbook/

꼬리가 길면 밟힌다, 탄소발자국

	학년	반	번
이름 :			

※ 탄소발자국이란?

    사람의 활동이나 상품을 생산, 소비하는 전 과정을 통해 직접·간접적으로 배출되는 온실가스 배출량을 이산화탄소로 환산한 총량을 말한다. 2006년 영국의회 과학기술처(POST)에서 처음 사용한 용어로 제품 생산 시 발생된 이산화탄소의 총량을 탄소발자국으로 표시하게 함으로써 유래됐다. 표시 단위는 무게 단위인 kg 또는 우리가 심어야 하는 나무의 수로 나타낸다.

1. EBS '1g과의 전쟁, 탄소를 줄여라' 영상을 보고 비주얼 맵으로 표현해보세요.

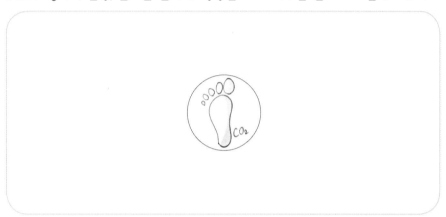

2. 일상생활에서 표기되는 탄소발자국입니다. 내가 오늘 남긴 탄소발자국을 그려보고, 발생시킨 이산화탄소 양도 계산해보세요.

종이컵 1개(50g) 11g 과자 1봉지(160g) 컴퓨터 10시간 사용 시 900g 쇠고기(320g) 생산 시 4,390g 기존 형광등 100시간 사용 시 3,400g 오렌지 주스(250ml) 생산 시 360g	밀가루 1톤 생산 시 49만g 휴대전화 1대 생산 시 6만g 설탕 1톤 생산 시 73만g 비행기 150g 자가용 210g 기차 20g 버스 27.7g	양치 – 3분 17g 샤워 – 15분 86g 식사 – 햄버그스테이크 3,668g 세탁기 – 1시간 791g 버스 – 25km 390g 곡물 320g 생산 시 180g 아메리카노1잔 21g

3. 한국환경공단에서 환경부 및 209개 지자체와 함께 온실가스 배출을 막기
위한 '탄소포인트제'와 '탄소성적표지 제도'를 실시하고 있습니다. 두 제도
에 대해서 알아봅시다.

4. 탄소발자국을 줄이기 위한 우리들의 십계명을 생각해보고, 비주얼씽킹으
로 표현해봅시다.

노 임팩트 맨 프로젝트

---

1. 제목 : 노 임팩트 맨 프로젝트

2. 수업의 의도

　　지구의 환경을 지키기 위한 실천 전략의 하나로 영화 〈노 임팩트 맨〉을 본 후 영화에서 이야기하고자 하는 중심 내용을 구체적으로 나눈 후 자기 생각을 비주얼씽킹으로 표현하도록 하여 환경 문제가 학생들에게 좀 더 의미 있게 다가올 수 있도록 한다. 또한 '나 혼자 한다고 변하겠어?'라는 생각이 '나라도 변하기 시작하면 지구를 지키는 데 중요한 전환점이 될 것이다'라는 생각으로 변화될 수 있는 실천 가능한 구체적 전략을 세워봄으로써 환경을 살리는 일에 적극적 실천을 하도록 한다.

3. 수업 개요

　　가. 단원 : 3학년 I. 전기와 자기(단원 내 융합 수업)

　　나. 수업 목표 : 나의 생활에서 환경을 위해 할 수 있는 구체적 과제를 찾아보자.

　　다. 교수·학습 방법 및 지도상의 유의점

　　　　– 이 차시의 목표는 지구의 환경 문제에 대한 인식을 바탕으로 막연히 걱정만 하는 것이 아니라 변화의 중심에 '나'를 두고 현실적으로 꾸준히 실천 가능한 행동들을 생각해보게 함으로써 학생들이 환경 문제 안으로 들어오도록 하는 데 있다. 영화 〈노 임팩트 맨〉의 중심 내용을 알아본 후 자기 생각을 그리고 비주얼씽킹으로 표현해봄으로써 어떤 의미를 담고 있는지 이야기 나눈 후, 주인공들의 삶을 통해 내가 하루 동안 얼마만큼 환경을 해하는 행동들을 하고 있는지 적어보고, 내가 했던 행동들에 대한 반성과 앞으로의 변화 등에 대해 공유하면서 구체적인 행동 변화 전략을 제시해 실천 가능한 프로젝트를 계획할 수 있도록 한다.

4. 과학과 본시 수업 지도안

　도입

　　– 〈노 임팩트 맨〉의 제목에서 느껴지는 영화가 담는 의미는 뭘까?

　전개

　　– 〈노 임팩트 맨〉의 중심 내용은 무엇인지 영화를 보면서 정리해보기

　　– 〈노 임팩트 맨〉을 보면서 느낀 점을 적고 비주얼씽킹으로 표현해보기

　　– 모둠별로 자신의 생각을 표현한 비주얼씽킹을 발표해보고 다양한 문제 공유하기

　　– 1년 동안 진행된 노 임팩트 맨 프로젝트를 모티브로 해서 나의 '노 임팩트 프로젝트' 계획 세우기

　정리

　　– 자신이 세운 프로젝트를 공유하고, 일주일 간격으로 서로 체크하고 격려해주기

　　– 친구들이 학교에서 무분별하게 사용하고 있는 화장지, 포스트잇, 종이 등등에 대해 그냥 지나치지 않고 환경에 대한 인식을 가질 수 있도록 이야기해주기

2 '노 임팩트 맨' 가족 이야기를 보고 무엇인가 실천하고 싶은 강한 의지가 느껴질 것이라고 생각된다.
   '노 임팩트 맨' 프로젝트를 위해 오늘부터 실천할 수 있는 계획을 세워보자.

[지구 지키기5]
노 임팩트 맨 프로젝트

3 학년 6 반   번
이름 :

1. 영화 '노 임팩트 맨' 을 함께 보고 자기 생각을 정리하고 비주얼 씽킹으로 표현해 보자.

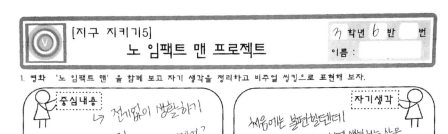

2. '노 임팩트 맨' 가족 이야기를 보고 무엇인가 실천하고 싶은 강한 의지가 느껴질 것이라고 생각된다.
'노 임팩트 맨' 프로젝트를 위해 오늘부터 실천할 수 있는 계획을 세워보자.

6. 수업 후 성찰	– 다큐멘터리 식의 영화에 크게 흥미를 갖지 않을 수 있어 사전에 환경 문제에 대한 인식을 갖고 의미 있게 볼 수 있도록 지도한다. – 영화 내용에 대해 어려워하는 학생들이 많은 경우 두 부분으로 나눠 보게 하고, 한 부분씩 이야기 나누고 표현할 수 있도록 하는 배려가 필요하다. – 영상 속에서 1년 프로젝트를 기획하고 실천하면서 생겼던 어려움을 깊이 이야기 나눌 수 있도록 지도하는 동시에 나만의 프로젝트에 참고할 사항을 메모할 수 있도록 지도한다. – 나만의 프로젝트를 기획할 때 지속적으로 실천 가능한 것을 중심으로 적어보게 한 후 그중에 한두 가지를 정하고 실천하기 위해서 내가 해야 할 전략을 세워볼 수 있도록 지도한다.
7. 참고 자료	– 〈EBS 지식채널 e〉 '노 임팩트 맨 프로젝트' blog.naver.com/sarahh12/120170763916

[지구 지키기 6]
노 임팩트 맨 프로젝트

학년 반 번
이름 :

1. 영화 〈노 임팩트 맨〉을 함께 보고 자기 생각을 정리하고 비주얼씽킹으로 표현
   해보자.

2. 〈노 임팩트 맨〉 가족 이야기를 보고 무엇인가 실천하고 싶은 강한 의지가
   느껴질 것이라고 생각된다. '노 임팩트 맨 프로젝트'를 위해 오늘부터 실
   천할 수 있는 계획을 세워보자.

08 피할 수 없다면 줄이자, 미세먼지!

visual thinking

---

1. 제목 : 피할 수 없다면 줄이자, 미세먼지!

2. 수업의 의도

우리나라는 매년 봄이 되면 양쯔강 기단의 영향으로 중국 몽골의 사막에서 불어오는 모래바람을 경험하고 있다. 황사의 경우는 자연 현상이기 때문에 크게 걱정할 일이 아니라고 생각해왔기에 사람들은 으레 '지나가는 일이야'라고 생각했던 것이 사실이다. 하지만 최근 중국에서 불어오는 바람에 섞인 미세먼지는 더 이상 지나치면 안 되는 심각한 상황에까지 이르렀다. 눈에 보이지 않을 정도로 아주 작은 입자인 미세먼지는 우리의 기관지에 들어가 폐를 손상시킬 뿐만 아니라 뇌에까지 영향을 미치기 때문에 어른 아이 할 것 없이 건강에 적신호가 켜진 것이다. 아침에 일어나서 가장 먼저 미세먼지 관련 앱을 열어 농도를 보는 사람들이 많아졌고, 마스크 착용은 일상이 되어버렸다. 이 시점에서 우리는 미세먼지에 대한 정확한 이해가 필요할 것이라고 판단했고, 또한 이 활동을 통해 미세먼지를 줄일 수 있는 방법을 모두 같이 생각하면서 앞으로 우리가 살아갈 세상에 무엇보다도 중요한 깨끗한 공기를 유지하기 위한 노력의 필요성을 인식시키고자 한다.

3. 수업 개요

가. 단원 : 1학년 Ⅱ. 지구계와 지권 변화, 2학년 Ⅳ. 소화, 순환, 호흡, 배설(단원 내 융합 수업)
나. 수업 목표 : 미세먼지의 원인과 위험성을 알고, 줄일 수 있는 방법을 찾아보자.
다. 교수·학습 방법 및 지도상의 유의점
　　- 이 차시의 목표는 최근 심각해지고 있는 미세먼지가 무엇이고 그 원인은 어디에 있는지 알아가는 동시에 우리 건강을 지키기 위해서 해야 할 일을 생각해보는 데 있다. 지권 변화 부분에서 기권과 생물권의 상호 작용으로 충분히 고민해봐야 하는 문제이며, 또한 우리의 몸인 소화, 순환, 호흡, 배설 단원에서 미세먼지가 우리 몸에 어떻게 영향을 주고 있고, 어떤 병을 초래할 수 있는지 알게 함으로써 미세먼지에 대한 위험성을 알고 대비할 수 있도록 한다.

4. 과학과 본시 수업 지도안

도입
　- 도심의 공기가 하루 종일 뿌연 이유는 무엇일까?

전개
　- 대기 오염이 심한 도심의 사진 한 장을 보고 연상되는 것 비주얼씽킹으로 표현해보기
　- 우리나라의 미세먼지 원인이 무엇인지 여러 면으로 생각하고 이야기해보기
　- 우리나라의 날씨에 영향을 주는 계절별 기단을 알아보고 미세먼지가 집중적으로 영향을 주는 계절이 언제인지 과학적 근거를 찾아보기
　- 미세먼지와 황사의 차이점이 무엇인지 생각해보기
　- 미세먼지가 우리의 몸에 어떤 영향을 끼치는지 구체적으로 알아보기

정리
- 미세먼지를 줄이기 위해 내가 할 수 있는 것이 무엇인지 생각하고 이야기 나누기
- 미세먼지를 줄이기 위해 국가적 차원에서는 어떤 방법으로 대책을 마련해야 할지 이야기 나누기
- 미세먼지로부터 내 건강을 지키기 위한 올바른 방법을 알고, 지키기

5. 수업 활동 결과물

 [지구 지키기6]   학년   반   번
피할 수 없다면 줄이자, 미세먼지!!   이름 :

※ 미세먼지란? 우리 눈에 보이지 않는 아주 작은 물질로 대기 중에 오랫동안 떠다니거나 흩날려 내려오는 직경 10㎛ 이하의 입자상 물질을 말한다. 석탄, 석유 등의 화석연료가 연소될 때 또는 제조업·자동차 매연 등의 배출가스에서 나오며, 기관지를 거쳐 폐에 흡착되어 각종 폐질환을 유발하는 대기오염물질이다.

1. 사진을 통해 알 수 있는 것들이 무엇이 있는지 간단한 글·그림으로 표현해 보세요.

2. 최근 우리나라의 미세먼지 주요 원인은 무엇일까요?

3. 우리나라에 많은 영향을 주는 중국의 미세먼지는 어떻게 유입되는 걸까요? 계절별로 영향을 주는 기단을 바탕으로 어느 계절에 더 큰 영향을 주는지 과학적으로 설명해 보세요.

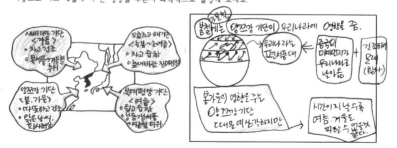

4. 미세먼지와 황사의 차이점은 무엇일까요?

5. 미세먼지가 우리 건강에 어떤 영향을 끼치는지 웹상 자료를 검색해서 비주얼씽킹으로 정리해 봅시다.

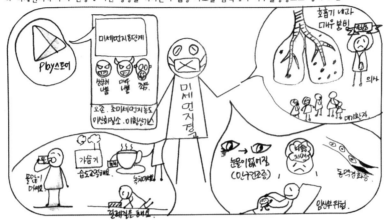

6. 피할 수 없는 미세먼지를 줄이기 위해서 우리가 할 수 있는 것, 국가가 할 수 있는 것은 무엇이 있을까요?

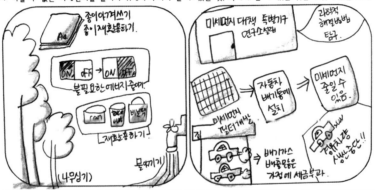

6. 수업 후 성찰	– 미세먼지 발생 원인을 좀 더 구체적으로 알 수 있도록 자료 검색 시 교사가 도움을 줄 수 있도록 한다. – 우리나라 기후에 영향을 주는 기단의 성질을 파악할 때 대기대순환에 대한 이해를 한 후 이야기할 수 있도록 한다. – 우리 몸의 구조를 알고, 호흡이 일어나는 과정 속에서 미세먼지가 어떤 병을 초래할 수 있는지 파악할 수 있도록 지도하는 것이 필요하다. – 미세먼지를 줄일 수 있는 노력이 자칫 국가적인 차원에서만 할 일이 아니라 개인의 노력을 통해서 변할 수 있다는 것을 인식할 수 있도록 지도한다.
7. 참고 자료	– 미세먼지 속 탄소와 중금속 news.tvchosun.com/site/data/html_dir/2017/04/04/2017040490207.html – 미세먼지 주의보 숫자의 비밀 tv.naver.com/v/1712144

[지구 지키기]
피할 수 없다면 줄이자, 미세먼지!

※ 미세먼지란? 우리 눈에 보이지 않는 아주 작은 물질로 대기 중에 오랫동안 떠다니거나 흩날려 내려오는 직경 10㎛ 이하의 입자상 물질을 말한다. 석탄, 석유 등의 화석 연료가 연소될 때, 또는 제조업·자동차 매연 등의 배출 가스에서 나오며, 기관지를 거쳐 폐에 흡착되어 각종 폐 질환을 유발하는 대기 오염 물질이다.

1. 사진을 통해 알 수 있는 것들은 무엇이 있는지 간단한 글, 그림으로 표현해보세요.

2. 최근 우리나라의 미세먼지 주요 원인은 무엇일까요?

3. 우리나라에 많은 영향을 주는 중국의 미세먼지는 어떻게 유입되는 걸까요? 계절별로 영향을 주는 기단을 바탕으로 어느 계절에 더 큰 영향을 주는지 과학적으로 설명해보세요.

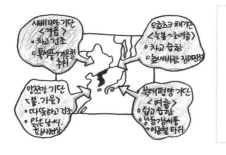

4. 미세먼지와 황사의 차이점은 무엇일까요?

5. 미세먼지가 우리 건강에 어떤 영향을 끼치는지 웹상 자료를 검색해서 비주얼씽킹으로 정리해봅시다.

6. 피할 수 없는 미세먼지를 줄이기 위해서 우리가 할 수 있는 것, 국가가 할 수 있는 것은 무엇이 있을까요?

◈ visual thinking

---

1. 제목 : 생존배낭 챙기기

2. 수업의 의도

　　가까운 일본의 경우 환태평양지진대에 속해 있어서 지진에 대한 경각심이 있지만 우리나라의 경우 지진에 대한 피해가 거의 없었기 때문에 단순 기이한 사건의 하나로 인식하는 것이 현재 실정이다. 지구의 환경 변화가 심해지고 있는 시점에서 지진에 의한 피해 발생은 자연 재앙에 대한 두려움과 동시에 대비가 필요하다는 인식을 갖게 한다. 2016년 9월에 발생한 경주 지진은 우리나라도 지진에 서 더 이상 안전하지 않다는 경각심을 일깨워준 중요한 사례라고 생각되며, 학생들에게 지진이 발생 되는 원인을 지구의 내부 구조와 연계시켜 글, 그림으로 표현해보게 함으로써 교과서적 지식이 아닌 실생활에 꼭 필요한 지식이라는 것을 알게 한다.

3. 수업 개요

　가. 단원 : 1학년 Ⅱ. 지구계와 지권 변화 (단원 내 융합 수업)

　나. 수업 목표 : 지진의 발생 원인과 위험성을 알고, 지진이 일어났을 때 대비할 수 있는 방법을 찾아보자.

　다. 교수·학습 방법 및 지도상의 유의점

　　　– 이 차시의 목표는 우리나라는 일본과 달리 지진대에서 벗어나 있기 때문에 안전하다고 생각하 고 있는 학생들의 인식을 변화시키는 데 있다. 또한 지권 변화 부분에서 지구의 내부 구조와 함 께 판구조론을 통해 배우는 지진 관련 내용이 이론적인 것으로 끝나버렸다면, 이번 우리나라에 서 발생한 경주 지진을 학생들이 실감함으로써 지진이 이웃 나라에서만 일어나는 일이 아니라 는 것을 알게 하고, 내가 배우는 이 지식을 통해 지진에 대한 정확한 인식을 갖고 대처할 수 있도 록 이끄는 데 있다. 지진이 왜 발생하는지에 대해 지구의 내부 구조와 관련시켜 비주얼씽킹으로 표현해봄으로써 지금까지 배웠던 지식을 연계시키고, 유동성 고체인 맨틀이 움직이면서 지각에 서 나타나는 습곡과 단층을 우드락으로 직접 실험해보면서 지진의 피해가 어느 정도일 것인지 간접적으로 체험해보도록 하는 활동이다.

4. 과학과 본시 수업 지도안

　도입

　– 지진이 발생하는 이유는 뭘까?

　전개

　– 지진이 발생하는 이유를 지구의 내부 구조와 연계하여 비주얼씽킹으로 표현해보기

　– 우드락으로 지진이 발생하는 과정을 직접 실험해보고 이야기해보기

　– 경주 지진 보도 자료를 읽고 그 속에서 지진의 강도, 진원과 진앙의 개념, 지진의 피해 등을 알아보기

　– 경주 지진이 일어났을 때의 느낌이나 생각, 경험 등을 이야기해보기

　– 지진이 일어났을 때를 대비하여 내가 꼭 챙겨야 할 물건들로 생존배낭 챙기기

정리

- 자신이 생존배낭에 넣은 물건들이 어떤 상황에 필요한지 서로 이야기 나누기
- 지진이 또 발생했을 때 학교, 가정, 학원에서 나는 어떤 대처를 해야할지 구체적으로 이야기 나누기
- 학교에서 때때로 울리는 화재경보기의 오작동에 학생들은 어떻게 대처해야 하는지에 대해 이야기 나누기

---

5. 수업 활동 결과물

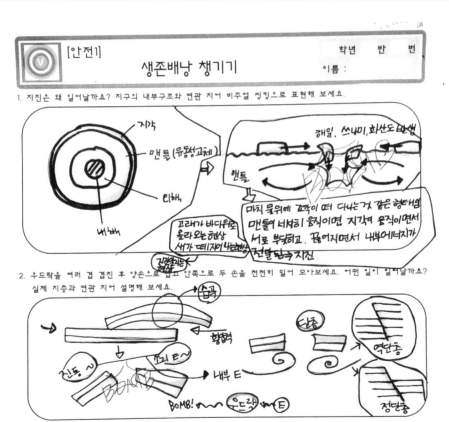

3. 지진 관련 기사입니다. 지진의 발생 장소와 규모, 지진의 세기를 나타내는 방법, 피해 정도 등을 자유롭게 글 그림으로 표현해 보고, 그 때 자기가 경험했던 지진 경험을 이야기 해 보세요.

"경주에서 '5.8' 지진…한국도 더 이상 안전하지 않아"

2016년 9월 12일 경상북도 경주시에서 발생한 규모 5.8의 지진으로 1978년 기상청이 계기지진 관측을 시작한 이후에 한반도에서 발생한 역대 최대 규모의 지진이다. 2016년 9월 12일 오후 7시 44분 경북 경주시 남서쪽 9Km 지역에서 규모 5.1의 전진(前震)이 발생했고, 48분 후인 오후 8시 32분 경주시 남남서쪽 8Km 지역에서 규모 5.8의 본진(本震)이 발생했다.

본진의 최대 진도는 경주, 대구 지역에서 측정된 진도 6이며, 부산과 울산, 창원에는 진도 5가 감지됐다. 진도 6은 지역 모든 사람들이 느낄 수 있고 가옥이 심하게 흔들리며 무거운 가구가 움직일 정도의 중진이다. 당시 본진의 진동은 전국 대부분 지역뿐만 아니라 일본, 중국 등에서도 감지될 정도로 강력했고, 지진 발생 직후에는 휴대폰의 통화와 문자를 비롯해 갑작스런 트래픽 증가로 인해 카카오톡 메신저와 일부 포털사이트에 장애가 발생했다.

지진 발생 후 이틀 뒤인 9월 14일 국민안전처는 경주 지진으로 인한 부상자가 23명, 재산상 피해는 1,118건이라고 발표했다. 다음날인 9월 15일 집계된 재산상 피해는 5,120건으로 증가했고 경주시와 울산시에 피해가 집중된 것으로 밝혀졌다. 피해 유형은 지붕 담장 차량 파손과 건물 균열, 수도배관 파열 등이다. 본진이 발생한 지 일주일 후인 9월 19일 오후 8시 33분 경주시 남남서쪽 11Km 지역에서 규모 4.5의 지진이 또 다시 발생했고, 9월 20일에는 여진 횟수가 400회를 넘어섰다.

<경주 지진(2016) [慶州 地震] (시사상식사전, 박문각)>

경주지진 때 학원에 있었는데 잠깐 쭉고 있었는데 선생님이나 애들이랑 책상 흔들고 왜가나 아니면 뭐 책상 위가 지우개가 하나도 않고 갔는데 즉시실 밖에서 나 혼자 되었고 책상위에 고개파랑 하면서 부들기고만 있었다. 뺌이 들이타서 다시 공부하라고 해서 그냥 다시 공부했다. 그러다가 집에 갔어

4. 지진이 발생하면 나는 어떻게 대처해야 할지 평소에 알고 있는 방법 또는 내가 생각하는 방법에 대해 글 그림으로 표현해 보세요.

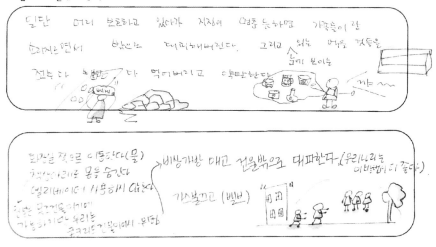

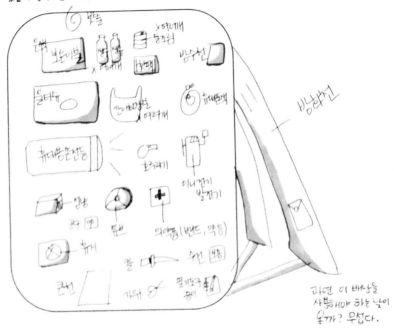

5. 최근 30만원 짜리 지진 대비용 가방이 유행이라고 합니다. 30만원 짜리 지진 배낭에는 어떤 물건들이 들어 있을지 생각하면서 배낭 속을 채워보세요.

6. 수업 후 성찰	- 지구의 내부 구조와 판구조론 등의 과학적 지식과 지진을 연결시키는 부분에서 어려움이 있을 수 있어 웹 자료 검색 및 교사에게 질문할 수 있도록 한다. - 일부 글 읽기를 어려워하는 학생의 경우 단락을 나눠 읽게 하고 어려운 단어를 체크하여 서로 묻고 답하는 분위기가 될 수 있도록 조성한다. - 경주 지진 때 자신이 겪었던 경험을 자칫 이벤트성 일로 생각하면서 가볍게 이야기할 수 있어 조금 무거운 주제임을 일깨워주는 것이 필요하다. - 지진에 대한 큰 피해가 없었던 우리나라에서 알고 있는 대처 방법과 다른 나라 매뉴얼에 나오는 방법이 많이 다르므로, 우리나라의 지형이나 건축물의 구조, 재료 등을 고려하여 알 수 있도록 지도한다.
7. 참고 자료	- 판구조론 blog.naver.com/woomaria/80181058646 - 네팔의 지진 뉴스 news.naver.com/main/read.nhn?mode=LSD&mid=sec&oid=052&aid=0000680463&sid1=001&lfrom=blog - 일본 지진 대비 생존배낭 챙기기 영상 www.youtube.com/watch?v=Ref_sFh8TCM

생존배낭 챙기기

학년　　반　　번
이름 :

1. 지진은 왜 일어날까요? 지구의 내부 구조와 연관 지어 비주얼씽킹으로 표현해 보세요.

2. 우드락을 여러 겹 겹친 후 양손으로 잡고 안쪽으로 두 손을 천천히 밀어 모 아보세요. 어떤 일이 일어날까요? 실제 지층과 연관 지어 설명해보세요.

3. 지진 관련 기사입니다. 지진의 발생 장소와 규모, 지진의 세기를 나타내는 방법, 피해 정도 등을 자유롭게 글, 그림으로 표현해보고, 그때 자기가 경험했던 지진 경험을 이야기해보세요.

"경주에서 '5.8' 지진… 한국도 더 이상 안전하지 않아"

2016년 9월 12일 경상북도 경주시에서 발생한 규모 5.8의 지진으로, 1978년 기상청이 계기지진 관측을 시작한 이후에 한반도에서 발생한 역대 최대 규모의 지진이다. 2016년 9월 12일 오후 7시 44분 경북 경주시 남서쪽 9km 지역에서 규모 5.1의 전진(前震)이 발생했고, 48분 후인 오후 8시 32분 경주시 남남서쪽 8km 지역에서 규모 5.8의 본진(本震)이 발생했다.

본진의 최대 진도는 경주, 대구 지역에서 측정된 진도 6이며, 부산과 울산, 창원에는 진도 5가 감지됐다. 진도 6은 지역 모든 사람들이 느낄 수 있고 가옥이 심하게 흔들리며 무거운 가구가 움직일 정도의 중진이다. 당시 본진의 진동은 전국 대부분 지역뿐만 아니라 일본, 중국 등에서도 감지될 정도로 강력했고, 지진 발생 직후에는 휴대폰의 통화와 문자를 비롯해 갑작스런 트래픽 증가로 인해 카카오톡 메신저와 일부 포털사이트에 장애가 발생했다.

지진 발생 후 이틀 뒤인 9월 14일 국민안전처는 경주 지진으로 인한 부상자가 23명, 재산상 피해는 1,118건이라고 발표했다. 다음 날인 9월 15일 집계된 재산상 피해는 5,120건으로 증가했고 경주시와 울산시에 피해가 집중된 것으로 밝혀졌다. 피해 유형은 지붕·담장·차량 파손과 건물 균열, 수도 배관 파열 등이다.

본진이 발생한 지 일주일 후인 9월 19일 오후 8시 33분 경주시 남남서쪽 11km 지역에서 규모 4.5의 지진이 또다시 발생했고, 9월 20일에는 여진 횟수가 400회를 넘어섰다.

— 경주 지진(2016) [慶州 地震] (시사상식사전, 박문각)

4. 지진이 발생하면 나는 어떻게 대처해야 할지 평소에 알고 있는 방법, 또는 내가 생각하는 방법에 대해 글, 그림으로 표현해보세요.

5. 최근 30만 원짜리 지진 대비용 가방이 유행이라고 합니다. 30만 원짜리 지진 배낭에는 어떤 물건들이 들어 있을지 생각하면서 배낭 속을 채워보세요.

프로젝트 기반
영어 비주얼씽킹 수업

비주얼씽킹을 활용한 관계 맺기

교사라면 누구나 학생들의 마음을 사로잡는 수업을 꿈꾸기 마련이다. 늘 아이들에게 필요한 수업, 그리고 교사 자신에게도 의미가 있는 수업을 조화롭게 디자인하는 게 우리 교사들의 최종 목표인 것이다.

아이들과의 수업에 있어서 가장 중요한 것은 교사와의 '관계 맺기'이다. 그런데 바쁘다는 핑계로 '관계 맺음'을 가장 나중으로 돌리거나, 교사 혼자 저만치 달려가는 '진도 레이스'를 하는 경우가 종종 있다.

아이들은 늘 현재 진행형이다. 그러므로 교사는 매순간 아이들 속에서 수업의 가치와 지향점을 찾으며, 아이들과의 '마음 열기'를 통해 그들을 다독이며 함께 나아갈 수 있는 수업을 디자인해야 한다.

영어 수업은 표현 중심의 교과 활동이다. 실제적인 맥락에 필요한 목표 언어를 중심으로 실생활에 유용한 내용을 추출하고, 그것을 수업 디자인에 적용하고자 노력하였다. 학기 초에는 공감을 중심으로 한 디자인씽킹을 기반으로 하여 규칙 정하기, 미래 학교 만들어보기 등으로 아이들의 마음 열기를 진행하였다. 그리고 학기 중과 학기 말에는 기술·가정, 과학 교과와의 융합 수업을 통해 동학년 교사들과의 교류도 할 수 있는 기회를 가질 수 있었다. 융합 수업과 관련된 텍스트를 찾고, 교육과정 재구성을 통해 수업 시간에 달성해야 할 성취 기준을 분석하여 추출하였다.

02

너와 나의 소소한
행복 성장 공동체 만들기

visual thinking

---

1. 제목 : 공감맵 그리기 & 학급·학교 규칙 정하기
   안전하고 행복한 환경 조성하기 1 [내 마음의 '너나들이 공감나무' (학교폭력 이제 그만!)]
   협업 환경 조성하기 2 [디자인씽킹 미래교실 디자인 미션]

2. 수업의 의도

   학생들이 영어 시간에 겪었던 감정들과 경험 등을 이야기할 수 있었으면 하는 바람에서 공감맵 (Empathy Map)을 그리게 하고, 수업 시간에 학급 및 학교 규칙을 정하게 하였다. '너나들이 공감나무'를 핑거프린트로 그리게 하고, 서로의 다짐을 써보았다. 디자인씽킹 미래교실 디자인 미션을 진행하여 가급적 학생들의 의견을 반영하고자 하였다.

3. 수업 개요

   가. 관련 단원 : 1학년 Meeting New Friends
   나. 수업 목표 : 학생들이 안전하고 행복한 학습 환경에 대한 중요성을 공감하고, 함께 협업할 수 있는 학습 분위기를 조성하고자 한다.
   다. 교수·학습 방법 및 지도상의 유의점
      – 편안하게 의견을 나눌 수 있는 환경을 조성한다. 이야기하는 것을 어려워하는 학생의 경우 그림이나 글을 먼저 쓰게 한다.
   라. 차시별 수업 전개

1차시	공감맵 그리기
	학급·학교 규칙 정하기
2차시	안전하고 행복한 환경 조성하기 1 '학교폭력 이제 그만!'
	내 마음의 '너나들이 공감나무'
3차시	협업 환경 조성하기 2 [디자인씽킹 미래교실 디자인 미션]
	디자인씽킹 미래교실 디자인 프로토타입 제작하기

4. 영어과 본시 수업 지도안

1차시

도입

- 영어 시간에 힘들었던 점과 좋았던 점들을 떠올려보게 한다.

전개

[Task 1] 공감맵 그리기

- Words, thought, belief, action, feelings 들에 대해서 설명을 해준다.
- 구체적인 내용을 예시로 들어본다.
- 앞으로 영어 시간은 어떠했으면 좋겠는지를 말해본다.

[Task 2] 학급·학교 규칙 정하기

- 학교생활을 하면서 힘들었던 점들을 토대로 규칙을 세워본다.
- 그림으로 간단히 나타낸다.

정리

- 공감맵과 학급·학교 규칙을 공유하고, 서로의 의견을 나누어본다.

2차시

도입

- 학교폭력 예방교육을 위해서 학생들과의 공감대를 우선적으로 나누고자 한다.

전개

[Task 1] '학교폭력 이제 그만!'

- 작년에 쓴 학교폭력에 대한 친구의 글을 읽고, 의견을 나누어본다.

[Task 2] 내 마음의 '너나들이 공감나무'

손가락으로 나뭇잎을 찍어, 학교폭력 예방에 대한 다짐을 써본다.

정리

- 학교폭력에 대한 이야기를 솔직하게 나누어보고 위로의 말을 나누어본다.
- 함께 해결할 수 있는 방법을 구체적으로 이야기한다.

5. 수업 활동 결과물

예선 : 상인중 학생주도형 디자인씽킹 교실디자인 미션 채점표

아래는 심사위원단의 채점표입니다. 제출학생들은 아래에 기입하지 마세요.

심사기준	창의적인가?	친구들의 학습에 도움이 되는가?	실현가능한가?
심사위원 1	/10	/10	/10
심사위원 2	/10	/10	/10
심사위원 3	/10	/10	/10
영어활용 여부 [+10/8/6]	최선을 다해 전달	단어만 활용	전혀 하지 않음

총점	

예선 : 상인중 학생주도형 디자인씽킹 교실디자인 미션

참가학생(학반.번호) :   팀명 :

디자인 의도 및 목적

교실디자인

설명

1. 학교폭력은 무엇이라고 생각하나요?

학교폭력은 _____ 이다. 왜냐하면 _____ 여기 때문이다.

2. 학교나 외부공간에서 또래 사이에 문제나 다툼이 발생한 적이 있었나요?

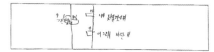

3. 어떻게 해결하였나요? 해결의 방식을 그림이나 글로 나타내 봅시다.

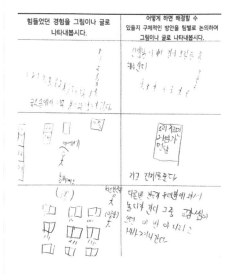

힘들었던 경험을 그림이나 글로 나타내봅시다.	어떻게 하면 해결할 수 있을지 구체적인 방안을 팀별로 논의하여 그림이나 글로 나타내봅시다.

	내용
6. 수업 후 성찰	– 실제로 학기 초 영어 첫 시간에 할 수 있는 활동들을 정리하였다. 그리고 학생들에게 '좋았던 영어 수업의 기억'과 '힘들었던 기억'을 나누어 이야기할 기회를 주는 것도 좋을 것 같다. – 학교폭력 예방 활동은 7대 안전교육에도 포함이 되는 내용으로 학생들의 다양한 이야기를 들을 수 있는 활동이다. 아이들과의 공감대가 형성되면 학생 주도형 캠페인이나 활동을 기획해볼 수도 있다. 학생들과의 활동은 아침 학급 시간이나, 자율 활동으로도 진행할 수 있다. 의외로 예상치 못한 아이들이 힘들었거나, 슬펐던 학교생활 경험이 있었고, 그런 지점을 찾아 다독여주고 함께 도와주고 개선하는 방법을 찾는 것이 학교 교육에 절실히 필요함을 느꼈다. – 영어 시간뿐 아니라, 아침 학급 활동 시간에 쓸 수 있는 활동지 또한 첨부하였다. 학급 학생들과 함께 '또래조정'의 과정에 대해서 함께 이야기하고, 과정을 만들어가보는 것도 의미 있는 학급 운영의 방법이 될 수 있다고 생각한다.

Words 말	Thoughts & Belief 생각, 믿음
[영어 시간을 생각하면 어떤 대화나 말이 떠오르나요?]	[영어 시간을 생각하면 어떤 생각이나 믿음이 떠오르나요?]
Action 행동	Feelings & Emotion 느낌, 감정
[영어 시간을 생각하면 어떤 행동이 떠오르나요?]	[영어 시간을 생각하면 어떤 느낌이 떠오르나요?]

어떤 영어 수업을 꿈꾸나요?

영어 시간은 나에게 _____했으면 좋겠다.

〈Visualize it. 그림으로 그려주세요〉

♥ SangIn Happy & Safe School
♥ Ground Rule

Rule 1.
Rule 2.
Rule 3.
Rule 4.
Rule 5.

"우리는 ＿＿＿＿＿＿＿＿＿＿＿＿＿한
학교/교실/학급을 만들겠다고 약속합니다."

서명 : ＿＿＿＿＿ (인) ＿＿＿＿＿ (인)
＿＿＿＿＿ (인) ＿＿＿＿＿ (인)

- 3월 영어과 학생 주도형 디자인씽킹 미션 프로젝트 -

"더 나은 삶을 위한 학교와
수업 시간 중 규칙을 만들어주세요!"

Can you help me to make the ground
rule for living a better life in SangIn
Middle School?

1) Draw a Class Tree on the paper

2) Students apply ink on the each finger, and stamp it on the branch. These fingerprint look like leaves.

3) Students write down 'New year's Resolution' on the post-it, and paste it on the Class tree.

4) Make the tree happy with happy items.

[학생 주도형 디자인씽킹]
교실 디자인 미션 4 - '배움과 협업이 일어나는 미래교실을 꾸며라'

Grade   class
number
Name :

프로토타입(Prototype) 미션

- 주어진 준비물로 제한시간 내에

'배움과 협업이 일어나는 미래교실을 꾸며라!'

조건 :

1) Be Creative

2) Enjoy Learning

3) Have Fun

4) Help Each Other!

상인중학교 학생들의 배움에 도움이 될 수 있는 아이템으로 학생 주도형 미래영어교실을 꾸며주세요.

교실 디자인 미션 5 - "작년에 힘들었던 일들은 어떤 것들이 있었나요?"

ex) 친구들과의 말다툼, 교실 이동의 불편함, 급식 시설 줄서기의 힘듦,

질서 및 양보를 모르는 친구들, 교실 청소 등등

구체적으로 그리고 적어봅시다.

힘들었던 경험을 그림이나 글로 나타내봅시다.	어떻게 하면 해결할 수 있을지 구체적인 방안을 팀별로 논의하여 그림이나 글로 나타내봅시다.

[학생 주도형 디자인씽킹]
너나들이 공감나무 1: 학교폭력 이제 그만!

Grade   class
number
Name :

1. 학교폭력은 무엇이라고 생각하나요?

학교폭력은 _____이다. 왜냐하면

_____ 이기 때문이다.

2. 학교나 외부 공간에서 또래 사이에 문제나 다툼이 발생한 적이 있었나요?

3. 어떻게 해결하였나요? 해결의 방식을 그림이나 글로 나타내봅시다.

4. 아래의 경우, 어떻게 해결할 수 있을지 친구들과 논의해봅시다.

    사례 1) 체육복을 빌려간 친구가 일주일이 지나도록 체육복을 돌려주지 않아요!

사례 2) 친구가 며칠 전부터 저에 대한 이상한 소문을 자꾸 퍼뜨려요.

그래서인지 반 친구들이 저를 멀리하는 것 같아요.

5. 여러분들 사이에서 문제가 생겼을 때, 또래조정 과정을 활용할 수 있습니다. 아래의 경우는 아라중학교의 또래조정 과정을 표로 나타낸 것입니다. 여러분들만의 아이디어로 상인중학교만의 또래조정 과정을 만들어보아요.

〈또래조정이란?〉

학생들 사이에서 일어나는 갈등을 선생님이 아닌, 일정한 훈련을 받은 또래조정자가 대화를 통해 해결하도록 돕는 활동이다.

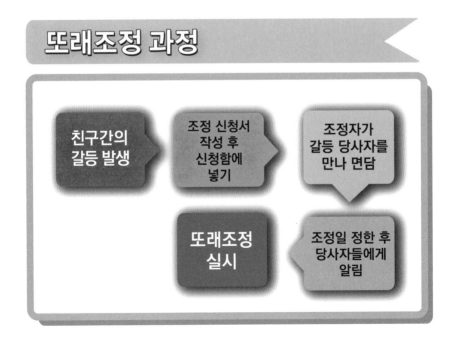

[학생 주도형 디자인씽킹 미션]

너나들이 공감나무2 : 학교폭력 이제 그만!

Grade ☐ class ☐

number ☐

Name : ☐

■ 학교폭력이 없는 학교를 스탬프 비주얼씽킹과 그림으로 나타내봅시다.

■ 학교폭력이 없는 학교에 대한 나의 다짐을 써봅시다.

영어-가정 융합 프로젝트
'Sandwich Cooking Show'

---

1. 제목 : 영어-가정 융합 프로젝트 'Sandwich Cooking Show'

2. 수업의 의도

시청자들의 식욕을 자극하는 '먹방'(먹는 방송)과 냉장고 속에 있는 흔한 재료들로 근사한 요리를 뚝딱 만들어내는 셰프들의 '쿡방'(요리하는 방송) 열풍이 TV 밖 쿠킹 클래스로 이어지고 있다. 영어 쿠킹 클래스도 학부모님들 사이에 인기가 있는 트렌드를 반영하여, 영어로 진행하는 쿠킹 쇼를 만들어보기로 하였다. 인성교육의 요소를 반영하여, 선물해드리고 싶은 감사한 분에게 감사 영상을 찍으며 요리하는 과정도 선보이기로 하였다. 아이들과 음식을 나누어 먹는 정을 느끼며, 고마운 사람들에게 쓰는 글을 통해 감사함을 표현하는 계기가 되기를 바란다.

3. 수업 개요

가. 관련 단원 : 1학년 What's Your Favorite Bread? (영어), 샌드위치 만들기 (가정)

나. 수업 목표 : 좋아하는 요리와 샌드위치를 만드는 과정에 대해 영어로 설명하고,
올해 감사한 분들께 영어로 감사 UCC를 찍어 전달한다.

다. 교수·학습 방법 및 지도상의 유의점
- 요리 도구를 활용할 때 안전에 각별히 유의한다.
- 영어로 요리를 설명하는 단계에서는 영어 활용에 도움이 될 수 있는 글 재료를 충분히 제공하는 것이 필요하다. 또한 간단한 영어 활용에도 크게 칭찬한다.

라. 차시별 수업 전개

1. Unit	Sandwich Cooking Show
2. Section	1학년 What's Your Favorite Bread? (영어), 샌드위치 만들기 실습 (가정)
3. Class Design	Small groups of 3~4 students(Mixed Group)
4. 창의·인성	Fluency, Originality, Cooperation, Flexibility
5. 핵심 역량	지식정보처리 능력, 의사소통 능력
5. Specific Aims	Students will be able to 1. Write down favorite food and visualize it. 2. Create their own sandwich recipe with team members. 3. Write down script for the cooking show. 4. Appreciate the kindness of people around them.
6. Time Allotment	45 minutes
7. Materials	Teacher : PPT, Video Clip Students : Book, Worksheets, Smartphone

| 성취 기준 | 2015 교육과정 | [9영04-01] 일상생활에 관한 주변의 대상이나 상황을 묘사하는 문장을 쓸 수 있다. |
| | 2009 교육과정 | [영중9421-1] 개인 생활이나 가정 생활을 소재로 하여 짧은 글을 쓸 수 있다. |

1차시	좋아하는 음식을 골라 이야기하기
	좋아하는 음식에 대해 글쓰기
	좋아하는 음식 그림으로 나타내기
	샌드위치 레시피 창작하기
2차시	감사 UCC 찍기
	실제로 요리하는 쿠킹 쇼를 진행하기

4. 영어과 본시 수업 지도안

1차시
도입
- 좋아하는 음식을 골라 짝과 함께 이야기해보기

전개
[Task 1] 짝과 함께 이야기한 내용을 바탕으로 좋아하는 음식에 대한 글쓰기
- 좋아하는 음식을 재료를 조합하여 그림으로 나타내기
- 음식과 관련된 어휘뱅크를 활용하여 설명하기
[Task 2] 모둠별로 만들고 싶은 샌드위치 레시피 쓰기
- 만들고 싶은 샌드위치 재료 생각하여 그림으로 나타내기
- 샌드위치 레시피 쓰기

정리
- 샌드위치 레시피를 바탕으로 재료 분담하기
- 감사 UCC를 찍기 위해 역할 분담하기

2차시
도입
- 샌드위치 레시피 공유하기

전개
[Task 1] 선물해줄 사람 정하여 감사 UCC 찍기
- 샌드위치를 선물해줄 사람을 정하여 감사한 내용 세 가지 영어로 써보기
[Task 2] 샌드위치 직접 만들고, 요리법 UCC도 함께 찍기

정리
- 미니 영상회 시간을 갖고 상호 평가 및 성찰 일지 써보기
- the Best Recipe, the Best Sandwich maker, the Best Drawers, the Best Cleaners Team 골라 칭찬하기

5. 수업 활동 결과물

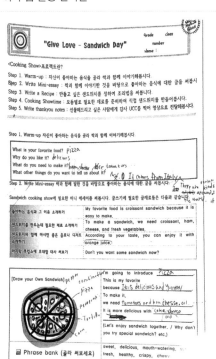

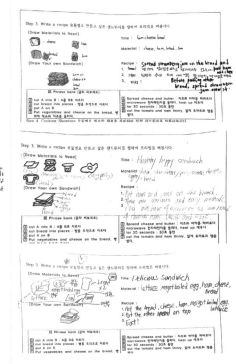

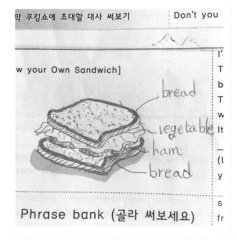

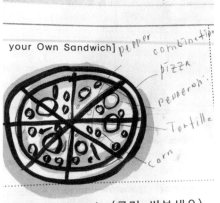

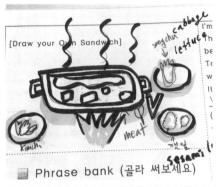

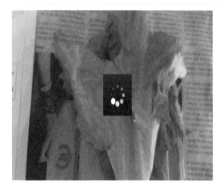

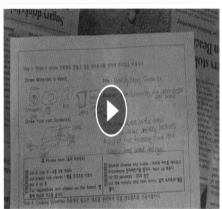

6. 수업 후 성찰	– 실제로 학생들이 앞에 나와서 진행하는 것도 좋지만, 각자의 부스에서 요리하는 장면을 스마트폰으로 찍는 것이 더 좋았다. 학생들이 사전에 논의하여 대본을 작성하고, 외워서 읽는 것도 필요하다. 팀 협력 학습의 경우 사전에 역할 분배가 필요하고, 요리 소재가 겹치거나 다를 경우 학생들의 의견 조율이 필요하다. 요리를 해본 경험이 별로 없어 레시피에 대한 고민이 부족한 학생들은 요리법을 따로 나누어주어 재료를 준비하게 하는 것도 좋은 방법이다. 사전 대본이나 학습지를 충분히 공부했다면, 다른 팀에 가서 청소를 도와주거나 촬영이나 편집을 도와주는 과정에 참여시키는 것도 좋다고 생각한다. – 학생들의 소감 : 샌드위치를 만들어 나누어 먹을 때가 행복했다. 자주 쿠킹 클래스를 가졌으면 좋겠다. 영어를 활용하여 쿠킹 쇼 장면을 찍는 것이 좋았다. – 운영상 힘든 점 : 오븐이나 전자레인지를 쓰는 과정이 힘들기에 가정실을 빌려서 진행하는 것도 좋을 듯하다. 사전에 안전 및 청결 지도가 필요하다. 수업 시간에 칼이나 가위 같은 도구를 활용하는 것에 주의를 기울여야 한다. – [심화] 대본을 사전에 암기, 숙달하여 쿠킹 쇼를 도구들을 갖추어 정식 버라이어티 쇼나 먹방처럼 찍어보는 것도 좋다. – 생활기록부 과목별 세부능력 및 특기 사항 입력 내용 : 'Favorite Sandwich' 프로젝트 활동에 참여하여 좋아하는 빵의 종류와 그 이유를 설명하고, 샌드위치를 만드는 절차와 필요한 순서를 설명할 수 있으며, 창의적으로 자신만의 샌드위치를 만들어 'Thank you UCC'와 함께 샌드위치를 좋아하는 이유와 존경하는 사람에 대한 사랑의 마음을 표현할 수 있음.
7. 참고 자료	youtu.be/HQQUmgLY-fo Sandwich Cooking Show Project 결과물 1 youtu.be/zNP28XR8jhs Sandwich Cooking Show Project 결과물 2 youtu.be/_apdhZz0RsM Sandwich Cooking Show Project 결과물 3

Give Love - Sandwich Day

Grade		class	
		number	
Name :			

'Cooking Show' 프로젝트란?

Step 1. Warm-up : 자신이 좋아하는 음식을 골라 짝과 함께 이야기해봅시다.

Step 2. Write Mini-essay : 짝과 함께 이야기한 것을 바탕으로 좋아하는 음식에 대한 글을 써봅시다.

Step 3. Write a Recipe : 만들고 싶은 샌드위치를 정하여 조리법을 써봅시다.

Step 4. Cooking Showtime : 모둠별로 필요한 재료를 준비하여 직접 샌드위치를 만들어봅시다.

Step 5. Write thank you notes : 선물해드리고 싶은 사람에게 감사 UCC를 찍어 영상으로 전달해봅시다.

Step 1. Warm-up : 자신이 좋아하는 음식을 골라 짝과 함께 이야기해봅시다.

> What is your favorite food?
>
> Why do you like it?
>
> What do you need to make it?
>
> What other things do you want to tell us about it?

Step 2. Write Mini-essay : 짝과 함께 이야기한 것을 바탕으로 좋아하는 음식에 대한 글을 써봅시다.

• Sandwich cooking show에 필요한 미니 에세이를 써봅시다. 글쓰기에 필요한 글 재료들은 다음과 같습니다.

[Draw your Favorite Food]	I'm going to introduce _____. This is my favorite because _____. To make it, we need _____. It is more delicious with _____. _____. (Let's enjoy sandwich together. / Why don't you try special sandwich? etc.)
● Phrase bank (골라 써보세요)	sweet, delicious, mouth-watering, yummy, fresh, healthy, crispy, chewy, slices of tomato, bagel

좋아하는 음식과 그 이유 소개하기	My favorite food is croissant sandwich because it is easy to make.
샌드위치를 만드는 데 필요한 재료 소개하기	To make a sandwich, we need croissant, ham, cheese, and fresh vegetables.
샌드위치와 함께 마시면 좋은 음료나 디저트 소개하기	According to your taste, you can enjoy it with orange juice.
마지막 쿠킹 쇼에 초대할 대사 써보기	Don't you want some sandwich now?

Step 3. Write a recipe : 모둠별로 만들고 싶은 샌드위치를 정하여 조리법을 써봅시다.

[Draw Materials to Need] [Draw Your own Sandwich]	Title : Material : Recipe : 1. 2. 3.

> ■ Phrase bank (골라 써보세요)
>
> ▶ cut A into B : A를 B로 자르다
> ▶ cut bread into pieces : 빵을 조각으로 자르다
> ▶ put A on B : A를 B에 넣는다.
> ▶ Put vegetables and cheese on the bread.
>   빵 위에 채소와 치즈를 올리다.
>
> ▶ Spread cheese and butter : 치즈와 버터를 펴바르다
> ▶ microwave : 전자레인지를 돌리다.
> ▶ heat up : 데우다
> ▶ for 30 seconds : 30초 동안
> ▶ cut the tomato and ham thinly : 토마토와 햄을 얇게 썰다.

Step 4. Cooking Showtime : 모둠별로 필요한 재료를 준비하여 직접 샌드위치를 만들어봅시다.

Step 5. With Thank you notes : 선물해드리고 싶은 사람에게 감사 UCC를 찍어 영상으로 전달해봅시다.

> [Roles]
> #1. Writer : 대본 작가 _____
>   (영어로 글을 쓰고 구성하는 역할)
>
> #2. Announcer :
>   아나운서 _____
>   (영어로 진행하는 역할)
>
> #3. Recorder :
>   영상 기자 _____
>   (스마트폰으로 영상을 찍어줄 역할)
>
> #4. Cook : 요리사 _____
>   (영상에 요리를 시연하는 역할)
>
> We are going to introduce _____.
> To make it,
> we need _____
> It is more delicious with _____.
> I want to give this sandwich to _____.
> There are 3 reasons why I want to thank you.
> First, you are very nice and kind to me.
> Second, you taught me love and happiness.
> Lastly, I love you so much.
> I really appreciate your kindness and dedication.
> I love you. (사랑을 행동으로 보여주기)

Step 6. [자기 평가] Evaluate each step for the project.

No.	Self Evaluation					
1	I completely finished the activity in Step 1.	5	4	3	2	1
2	I wrote mini essay about my favorite food in step 2.	5	4	3	2	1
3	I wrote the sandwich recipe with the given expressions in step 3.	5	4	3	2	1
4	I finished making sandwich and thank you UCC with my peers in step 4 & 5.	5	4	3	2	1
5	I made an effort to complete all steps.	5	4	3	2	1

Step 7. [동료 평가] Evaluate each peer for the project.

수업 시간에 적극적으로 참여한 두 명의 친구는?	수업 시간에 영어를 많이 활용한 두 명의 친구는?
수업 시간에 질문을 많이 한 두 명의 친구는?	수업 시간에 창의적인 아이디어를 낸 두 명의 친구는?

영어-음악 융합 프로젝트
'Show Me Your 꿈&끼'

🔊 visual thinking

1. 제목 : 영어-음악 융합 프로젝트 'Show Me Your 꿈&끼 - 수여동사 Song Festival'

2. 수업의 의도

　자기 표현의 수단인 음악은 두뇌를 발달시키고 음악지능뿐만 아니라 언어와 수리, 공간과 자기성찰 지능을 깨운다. 음악은 수업에 활용되기도 하는데 영어 시간에도 많은 문법송이 쓰이고 있다. 심지어는 과학이나 사회 교과같이 암기 내용이 많은 과목에도 개념송들이 유튜브에 많이 업로드되어 있다. ('암기송', '문법송' 등의 검색어 키워드를 잘 활용해보자.) 랩이나 노래로 어려운 문법 지식을 전달하고, 학생들이 직접 노래를 불러보고 즐겁게 참여하는 활동을 통해 영어 수업이 힘든 것이 아니라 재밌는 시간으로 여겨지기를 바란다.

3. 수업 개요

　가. 관련 단원 : 1학년 수여동사 (영어), 동요 및 각종 가요 활용 (음악)

　나. 수업 목표 : 수여동사를 활용하여 이야기를 만들고 비주얼씽킹으로 나타낼 수 있다.
　　　　　　　　수여동사 문법송을 만들어 신나게 문법을 즐기며 익힐 수 있다.

　다. 차시별 수업 전개

1. Unit	Show Me Your 꿈&끼 - 수여동사 Song Festival
2. Section	1학년 수여동사 (영어), 동요 및 각종 가요 활동 (음악)
3. Class Design	Small groups of 3~4 students(Mixed Group)
4. 창의·인성	Fluency, Originality, Cooperation, Flexibility
5. 핵심 역량	지식정보처리 능력, 의사소통 능력
5. Specific Aims	Students will be able to 1. listen to dative verb 수여동사 song and sing along. 2. write down sentences using dative verb 수여동사. 3. make funny hook song using dative verb 수여동사. 4. Write down lyrics and visualize those.
6. Time Allotment	45 minutes
7. Materials	Teacher : PPT, Video Clip Students : Book, Worksheets, Smartphone

| 성취 기준 | 2015 교육과정 | [9영04-01] 일상생활에 관한 주변의 대상이나 상황을 묘사하는 문장을 쓸 수 있다. |
| | 2009 교육과정 | [영중9421-1] 개인 생활이나 가정 생활을 소재로 하여 짧은 글을 쓸 수 있다. |

1차시	수여동사 노래를 듣고 같이 따라 부르기
	수여동사를 활용하여 문장 쓰기
	팀별 문장을 모아 이야기를 만들고 비주얼씽킹으로 나타내기
2차시	수여동사 문법송 가사를 쓰고 노래를 만들어보기

4. 영어과 본시 수업 지도안

1차시

도입

- 수여동사 노래 가사를 써두고 노래를 상상하게 해보기

> 우리 학교 영어교실에는 칠판이 앞뒤로 두 개가 있는데, 뒤편에 미리 가사를 써두었다. 평소 쉬는 시간에 미리 수업에 관련된 아젠다(Agenda, 수업 절차 및 주제 목록)나 공부 내용을 영어로 써두거나 그림으로 나타내보았다. 그래픽 오거나이저(Graphic Organizer)나 비주얼씽킹 시각 언어 그림으로 나타내는 것은 학생들에게 호기심을 일으킬 수 있는 좋은 방법이다.

전개

[Task 1] 수여동사 노래를 듣고 따라 부르기

- 노래를 듣고 수여동사를 찾아보기
- 수여동사를 활용하여 빈칸 채우기, 간단히 써보기

[Task 2] 수여동사를 활용하여 문장 쓰기

- 개인별로 수여동사를 활용한 문장 쓰기
- 팀별 문장을 모아 이야기를 만들고 비주얼씽킹으로 나타내기

> **그림 벽화 그리기** 선 하나를 그어둔 A4 용지를 벽면에 여러 장 그림 벽화처럼 붙여두고 하는 이야기 만들기 활동도 학생들이 주제와 연관된 활동을 하거나 언어 표현을 접목시키는 영어 활동을 하는 데 도움이 된다. 선 하나를 공통적으로 그어두거나 공통된 도형을 그려둔 종이를 나누어주고, 수여동사 혹은 오늘의 문법과 관련된 이야기를 자유자재로 그려보거나 써보게 하는 활동도 심화 활동 과제로 좋다.

정리

- 비주얼씽킹 카드를 활용하여 이야기를 발표하기
- 마음에 드는 이야기에 스티커 붙이기

2차시

도입
- 수여동사 문법송에 동작을 붙여 같이 따라 부르기

전개
[Task 1] 수여동사 노래 가사를 쓰기
- 노래 가사에 이야기를 덧입혀보며 써보기
[Task 2] 수여동사 노래를 다른 팀에 가서 가르쳐주기
- the Best Lyrics, the Best Singer, the Best Performance Team 골라 칭찬하기

> **Festival Awards 시상하기** 학생들에게 가급적 창의적이고 다양한 종류의 상 이름을 지어보게 하고, 학생들이 직접 시상식을 진행해보는 것도 재미있다. 교사의 이름을 붙인 어워즈나, 주제와 관련하여 학급의 공통된 가치를 지향하는 시상식 이름을 지어 상장도 직접 만들어보게 하는 비주얼씽킹 활동도 의미가 있을 것이다.

정리
- 기억에 남는 수여동사를 떠올려보고 짝과 함께 내용을 정리하기

5. 수업 활동 결과물

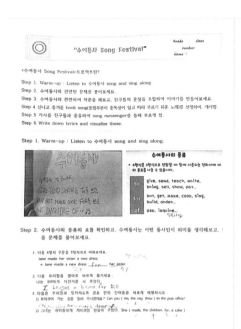

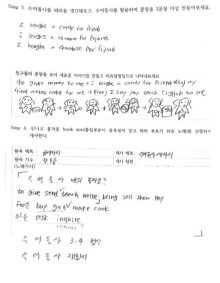

6. 수업 후 성찰	- 영어 공부를 어려워하는 남학생들이 이 활동에 적극적으로 참여하였고, 랩으로 만들어내는 모습도 인상적이었다. 활달하고 표현 활동을 좋아하는 아이들은 재밌게 참여하였다. 우리 학교 아이들은 참여식 활동이나 모둠 활동이 교과목마다 많기 때문에 쉽게 피로해질 수 있으므로 이런 창작 활동이나 표현 활동의 횟수를 시기에 맞게 교과목 교사들과 논의하여 조율하는 것이 필요하다. - 운영상 힘든 점 : 수업 활동에 참여하여 노래를 개사하는 과정은 쉽지 않다. 내성적인 성향의 학생들이나 문법 문제 풀이 활동을 즐겨하는 학생들에게는 다른 과제를 주는 것도 좋다. - [심화] 수여동사를 활용한 질문 만들기나, 이야기를 창작하여 들려주고 다른 학생들은 친구의 이야기를 듣는 활동을 통해 내용 이해 퀴즈를 같이 풀어보는 활동도 좋다. - 생활기록부 과목별 세부능력 및 특기 사항 입력 내용 : 수여동사 Hook Song Festival 시간에 수여동사의 의미와 영어 문장을 창의성 있게 활용하여 개사 노래를 제작함.
7. 참고 자료	youtu.be/p2V1M1R_Fwg 수여동사 Song festival 결과물 UCC 1 youtu.be/S2S2PtFppG8 수여동사 Song festival 결과물 UCC 2 youtu.be/3o4KtrKkJC4 수여동사 Song festival 결과물 UCC 3

수여동사 Song Festival

'수여동사 Song Festival' 프로젝트란?

Step 1. Warm-up : Listen to 수여동사 song and sing along.

Step 2. 수여동사와 관련된 문제를 풀어보세요.

Step 3. 수여동사와 관련하여 작문을 해보고, 친구들의 문장을 조합하여 이야기를
만들어보세요.

Step 4. 신나고 흥겨운 hook song(돌림 부분이 중독성이 있고 따라 부르기 쉬운 노래)을
선정하여 개사한다.

Step 5. 가사를 친구들과 공유하여 song messenger를 통해 부르게 한다.

Step 6. Write down lyrics and visualize those.

Step 1. Warm-up : Listen to 수여동사 song and sing along.

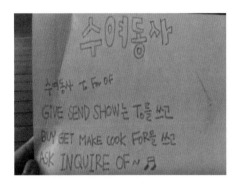
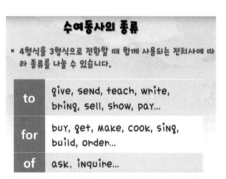

Step 2. 수여동사의 종류 표를 확인하고, 수여동사는 어떤 동사인지 의미를 생각해보
고, 다음 문제를 풀어보세요.

> 1. 다음 4형식 구문을 3형식으로 바꿔보세요.
>   Jane made her sister a new dress.
>   = Jane made a new dress _____ her sister.

2. 다음 우리말을 영어로 바르게 옮기세요.
　나는 Bill에게 자전거를 사주었다.

3. 다음을 우리말과 일치하도록 괄호 안의 단어들을 바르게 배열하시오.
　1) 우체국에 가는 길을 알려주시겠어요? Can you (me, the way, show) to the post office?

　2) 그녀는 아이들에게 케이크를 만들어주었다. She (made, the children, for, a cake).

Step 3. 수여동사의 의미를 생각해보고, 수여동사를 활용하여 문장을 세 문장 이상 만
　　　들어보세요.

친구들의 문장을 모아 새로운 이야기를 만들고 비주얼씽킹으로 나타내보세요.

Step 4. 신나고 흥겨운 hook song(돌림 부분이 중독성이 있고 따라 부르기 쉬운 노래)을
　　　선정하여 개사한다.

원곡 제목 :	개사 제목 :
원곡 가수 :	개사 팀원 :

(노래 가사)

05

영어-과학 융합 프로젝트
'Do-It-Yourself Chocolate Portrait'

1. 제목 : 영어-과학 융합 프로젝트 'Do-It-Yourself Chocolate Portrait'

2. 수업의 의도

과학에서 배우는 물질의 상태변화를 초콜릿 초상화 그리기 활동에 접목시켜 상태변화 과정을 찾게 하고, 생활 속의 액화, 기화, 승화 현상을 찾아보게 하였다. 과학과의 교수 학습 모형인 POE(Predict, 예측하기 – Observe, 관찰하기 – Explain, 설명하기) 과정을 거쳐 예측하고 관찰한 내용을 오개념 확인을 거쳐 영어로 간단히 설명할 수 있는 활동을 마련하게 되었다.

3. 수업 개요

가. 관련 단원 : 1학년 Chocolate Portrait (영어), 1학년 물질의 상태변화 (과학)

나. 수업 목표 : 초콜릿 초상화 그리기 활동을 통하여 물질의 상태변화 원리를 찾아보고, 생활 속에서 찾을 수 있는 액화, 승화, 기화 현상을 영어로 간단히 설명할 수 있다.

다. 교수·학습 방법 및 지도상의 유의점

– 거꾸로 교실 수업을 통해 과학 교사가 직접 지도하지 않고도 초콜릿 초상화 그리기 실험에 대한 내용을 영어로 공부한 뒤에, 과학 시간에 물질의 상태변화의 개념을 공부하였다. 그리고 물질의 상태변화에 대한 내용을 영어로 간단하게 배운 다음에 실험을 진행하였다. 예시를 비주얼씽킹으로 나타내고, 찾은 예시에 과학과 선생님이 피드백을 해주어 오개념에 대해서 파악하는 것이 중요하다.

라. 융합 수업의 흐름

Project Process	Do-It-Yourself Chocolate Portrait	
물질의 상태변화 개념 설명. 물질의 세 가지 상태를 분자모형을 이용해 분자배열 표현하기 (스티커 붙이기 활동) (과학) ▶	초콜릿 초상화 만드는 과정에서 물질의 상태변화 찾아 그려보기 (영어) ▶	경험을 비주얼씽킹으로 나타내고 예시를 찾아보기 (영어) 찾은 예시에 피드백해주기 (과학) ▼
1, 2차 피드백과 공유된 정보를 토대로 토크 부스 만들어 학생 활동 공유하기 (과학) ◀	2차 피드백 ◀	Chocolate Portrait 그려보기 (영어)

마. 차시별 수업 전개

1. Unit	Do-It-Yourself Chocolate Portrait
2. Section	1학년 Chocolate Portrait (영어), 1학년 물질의 상태변화 (과학)
3. Class Design	Small groups of 3~4 students(Mixed Group)
4. 창의·인성	Fluency, Originality, Cooperation, Flexibility
5. 핵심 역량	지식정보처리 능력, 의사소통 능력
5. Specific Aims	Students will be able to 1. Show and tell us what they already knew about 액화, 승화, 기화. 2. Find and visualize examples of 액화, 승화, 기화 around us. 3. Understand the concept of 액화, 승화, 기화 and draw chocolate portrait.
6. Time Allotment	45 minutes
7. Materials	Teacher : PPT, Video Clip, Smartphone, Chocolate Pen, Wax Paper, toothpick Students : Book, Worksheets, Smartphone

성취 기준	2015 교육과정	[9영03-07] 일상생활이나 친숙한 일반적 주제의 글을 읽고 일이나 사건의 순서, 전후 관계를 추론할 수 있다.
	2009 교육과정	[영중9342-1] 일상생활이나 친숙한 일반적 주제에 관한 글을 읽고 일이나 사건의 시간적 순서를 나열할 수 있다.

1차시	[플립러닝] 초콜릿 초상화 만드는 과정을 영상으로 미리 보기 (영어)
	영어로 빈칸 채워보기
	상태변화 과정을 영어 문장으로 간단하게 써보기
2차시	물질의 세 가지 상태를 분자모형을 이용해 분자배열 표현하기 (스티커 붙이기 활동) (과학)
3차시	초콜릿 초상화 만드는 과정에서 물질의 상태변화 찾아 그려보기 (영어)
4차시	액화, 기화, 승화 현상을 생활 속에서 찾아 예시를 쓰고 그림으로 그려보기 (과학과 팀 티칭으로 오개념 함께 찾아보기)
5차시	초콜릿 초상화 실제로 그려보고 영어로 설명하기 (영어)
6차시	1, 2차 피드백과 공유된 정보를 토대로 토크 부스 만들어 학생 활동 공유하기 (과학)

4. 영어과 본시 수업 지도안

1차시

도입
- [플립러닝] 질문 및 대화를 통해 디딤 영상 내용 확인하기

디딤 영상 성찰 일지 및 점검 내용	일자 (/)
What they already knew	관련 내용에 대해 미리 알고 있었던 내용 혹은 지식
What they get to learn	영상을 통해 알게 된 내용 혹은 지식
How they feel	영상 및 과제를 보고 느낀 점

- 디딤 영상 성찰 일지 짝 점검하기

전개
[Task 1] 재료, 도구 및 관련 어휘의 의미에 대해 이야기하기
- 비주얼씽킹 카드를 통해 이야기해보기
- 칠판 동시 그리기 활동을 통해 의미 전달하기
- 활동 과정 비주얼씽킹 Mix-N-Match하기 : 초콜릿 초상화 그리기 활동 과정을 바로 제시하지 않고 섞어서 봉투에 넣어 제시하기 (팀 활동)

> **칠판 동시 그리기 활동이란?** 2인 이상의 artist(그림 그리기에 자신이 있는 학생 혹은 지원 학생)들이 나와서 단어를 보고 동시에 그림을 그린다. 전부가 이해하지 못해도 학생들은 그 중 일부가 그리는 그림 힌트를 보고 어휘를 이해할 수 있다. 학생들이 좋아하는 비주얼씽킹 활동 중 하나이다.

> **활동 과정 비주얼씽킹 Mix-N-Match란?** 봉투에 순서 조각을 잘라서 넣어두되 일부분은 비주얼씽킹 시각 언어로 나타내어 학생들에게 인지적인 정보 격차(Information Gap)를 유발하는 방식이다. 학생들은 암호 해석(decoding) 활동을 좋아하는 경향이 있다.

[Task 2] 실험보고서 쓰기의 특징 이해하기
- 주어진 텍스트에 대한 내용을 간결하게 다시 쓰기(Paraphrase)

> 다시 쓰기(Paraphrase, 다른 말로 바꾸어 표현하기) 활동을 통해 학생들은 자신이 알고 있는 어휘를 최대한 활용하고자 하는 경향이 있으며, 도전 과제 활동이 될 수 있음을 알게 되었다. 수준이 높은 학생은 자신이 알고 있는 어휘와 문장 구조를 활용하게 하며, 수준이 낮은 학생이라 하더라도 'Step 1'의 내용을 그대로 활용하면 되므로 심리적인 부담과 긴장을 낮출 수 있다. 이때 다양하게 쓴 내용들을 공유하는 활동을 통해 학생들끼리 서로 배울 수 있는 기회를 제공하는 것이 교사의 과제이다.

정리

- 초콜릿 초상화 그리기에 담긴 과학적인 원리를 찾아보기

- [과제] 과학 시간에 액화, 승화, 기화 현상이나 예시를 친구들과 고민해오기

2차시

도입

- 물질의 상태변화 송 함께 불러보기

- 과학적 현상이나 예시를 그림으로 그려보기

전개

[Task 1] 비주얼씽킹 관찰하기

- 텍스트를 읽기 전에 그림을 보고 이해한 내용 나누기

- 어휘의 의미를 정리해보기

[Task 2] 비주얼씽킹 시각 언어로 나타내기

- 텍스트를 해석하기

- 해석한 내용을 토대로 주변에서 찾을 수 있는 예시를 찾아 그림으로 나타내기

- 액화, 승화, 기화를 나타내는 영어 단어는 어려우므로 용어를 외우는 것에 신경 쓰지 않게 하기

[Task 3] 초콜릿 초상화 그려보기

- 그린 내용을 영어로 간단히 이야기해보기

정리

- 소감 쓰고 힘들었던 점 이야기 나누기

5. 수업 활동 결과물

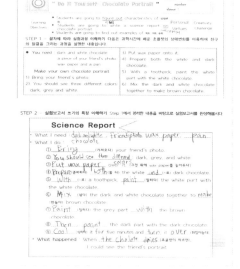

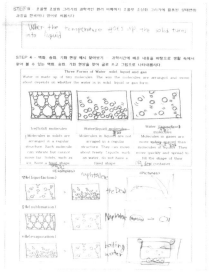

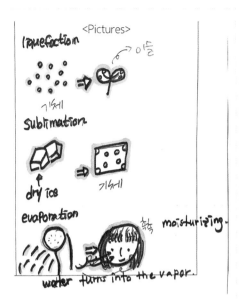

\<Pictures\>

liquefaction

기체

sublimation

dry ice 기체

evaporation 축축 moisturizing.

water turns into the vapor.

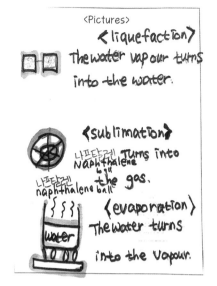

\<Pictures\>

\<liquefaction\>
The water vapour turns into the water.

\<sublimation\>
나프탈렌 Naphthalene Turns into the gas.

나프탈렌 naphthalene ball

\<evaporation\>
The water turns into the vapour.

water

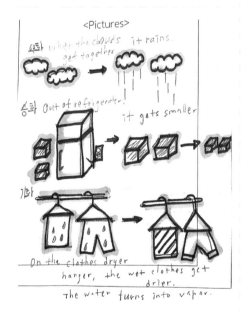

\<Pictures\>

액화 when the clouds it rains. get together

승화 Out of refrigerator! it gets smaller

기화

On the clothes dryer hanger, the wet clothes get drier. the water turns into vapor.

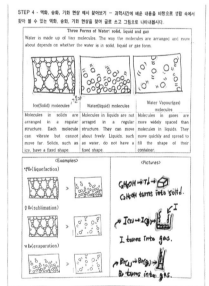

STEP 4 - 액화, 승화, 기화 현상 예시 찾아보기 — 과학시간에 배운 내용을 바탕으로 생활 속에서 찾아 볼 수 있는 액화, 승화, 기화 현상을 찾아 글로 쓰고 그림으로 나타내봅시다.

Three Forms of Water: solid, liquid and gas

Water is made up of tiny molecules. The way the molecules are arranged and move about depends on whether the water is in solid, liquid or gas form.

Ice(Solid) molecules	Water(liquid) molecules	Water Vapour(gas) molecules
Molecules in solids are arranged in a regular structure. Each molecule can vibrate but cannot move far. Solids, such as ice, have a fixed shape.	Molecules in liquids are not arranged in a regular structure. They can move about freely. Liquids, such as water, do not have a fixed shape.	Molecules in gases are more widely spaced than molecules in liquids. They move quickly and spread to fill the shape of their container.

\<Examples\>

액화(liquefaction)

승화(sublimation)

기화(evaporation)

\<Pictures\>

C4H9OH →고체 C4H9OH turns into solid.

I(고체) → I(기체) I turns into gas.

Br(l) → Br(g) Br turns into gas.

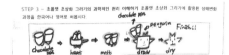

STEP 3 - 초콜릿 초상화 그리기의 과학적인 원리 이해하기 초콜릿 초상화 그리기에 활용된 상태변화 과정을 한국어나 영어로 써봅시다.

chocolate pen

penguin Finish!!

chocolate bar heat melt draw dry

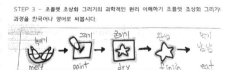

STEP 3 - 초콜릿 초상화 그리기의 과학적인 원리 이해하기 초콜릿 초상화 그리기의 과정을 한국어나 영어로 써봅시다.

녹이기 → 그리기 → 굳히기 → 완성 → 먹기 냠냠

melt → paint → dry → finish → eat

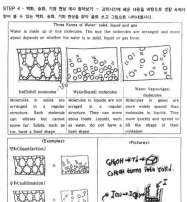

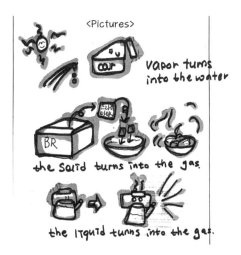

6. 수업 후 성찰	– 가급적 액화, 승화, 기화 현상이라는 단어를 미리 제시하지 않는 것이 좋다. 학생들에게 수업 목표를 미리 제시하는 것도 좋지만, 이렇게 실험을 먼저 제시해 관련된 과학적 원리를 학생들과의 대화를 통해 도출하는 것도 필요하다. 수업을 진행한 영어 교사는 과학 수업에 대해서 기억이 나지 않기에 도와달라는 식으로 학생들에게 어필하였더니, 학생들이 신이 나서 초콜릿 초상화 그리기에 담긴 과학적인 현상을 이야기해주었다. 이때 아이들이 교사를 외려 가르친다는 것에 즐거움과 희열을 느끼는 듯하여 "유레카"를 외쳤다. – 학생들이 신이 나서 자신이 알고 있고 배운 지식을 활용하는 시간, 친구들이나 교사들에게 설명해주는 시간, 이런 적용과 응용의 시간이 늘어난다면 아이들이 보다 학교 수업에 흥미를 느끼지 않을까? – 학생들의 소감 : 매우 재미있고 앞으로도 이런 걸 많이 했으면 좋겠다. 그리고 초콜릿을 데워서 쓰는 점은 조심해야 할 것 같다. 초콜릿으로 그림 그리는 것이 재밌었다. 너무 힘들었다. 완성작이 좋아서 기분이 좋았고 재밌었다 등의 소감이 있었다. – 운영상 힘든 점 : 전기 포트에 물을 데워서 종이컵에 초코펜을 녹이는 시간이 걸린다. 개별적으로 종이컵(조금 큰 사이즈)에 더운물을 따라주고 펜을 녹이게 도와주는 도우미가 있으면 좋을 듯하다. 큰 규모의 학급에서는 운영하기가 힘들 수 있으니, 한 팀 당 하나 정도의 작품을 만들게 하는 것을 권장한다. 과학 교과와의 융합 활동이므로, 자칫 교과와 별개로 하는 활동이 되지 않게 안내하는 것이 필요하다. – 생활기록부 과목별 세부능력 및 특기 사항 입력 내용 : 'Do-it-Yourself Chocolate Portrait 만들기' 활동에 참여하여, 과학 시간에 배운 내용을 바탕으로 생활 속에서 찾아볼 수 있는 액화, 승화, 기화 현상을 찾아 영어로 쓰고, 그림으로 나타내보았음. 활동지의 오개념을 찾아내어 액화와 융해의 차이점을 설명하여 다른 친구들에게 도움이 되었음. (지식정보처리 역량) 'Do-it-Yourself Chocolate Portrait' 활동을 통해 물질의 분자 변화 구조를 설명한 과학 도서를 읽고, 생활 속에서 찾아볼 수 있는 물질 변화 과정을 찾아 영어 문장과 비주얼씽킹으로 나타내는 과정에 성실히 참여하여 지식정보처리 역량, 영어 의사소통 역량을 기르고자 노력함.
7. 참고 자료	– 물질의 상태변화 송 youtu.be/v4V9TXsgMol – Chocolate Portrait youtu.be/DARdK7XND5k

Do-It-Yourself Chocolate Portrait

Learning Objectives	• Students are going to figure out characteristics of 상태변화. • Students are going to write a science report on chocolate portrait. • Students are going to find out examples of 액화, 기화, 승화.

Step 1. 절차에 따라 실험 과정 이해하기 : 다음은 과학 시간에 배운 초콜릿의 상태변화를 이용하여 친구의 얼굴을 그리는 과정을 설명한 내용입니다.

• You need : dark and white chocolate
a piece of your friend's photo
wax paper and a pan

Make your own chocolate portrait
1) Bring your friend's photo.
2) You should see three different colors: dark, grey and white.

3) Put wax paper onto it.
4) Prepare both the white and dark chocolate.
5) With a toothpick, paint the white part with the white chocolate.
6) Mix the dark and white chocolate together to make brown chocolate.

Step 2. 실험보고서 쓰기의 특징 이해하기 : Step 1에서 정리한 내용을 바탕으로 실험보고서를 완성해봅시다.

Science Report

• What I need : _____, _____, _____, _____
• What I do :
  ① _____(가져오다) your friend's photo.
  ② _____: dark, grey, and white
  ③ _____ over it. (그것 위에 wax paper를 놓아두다.)
  ④ _____(준비하다) _____(둘 다) the white _____(~로) dark chocolate.
  ⑤ _____(~로) a toothpick, _____(칠하다) the white part with the white chocolate.
  ⑥ _____(섞다) the dark and white chocolate together to _____ (만들다) brown chocolate.
  ⑦ _____(칠하다) the grey part _____ the brown chocolate.
  ⑧ _____, _____ the dark part with the dark chocolate.
  ⑨ _____(식히다) it ____ five minutes and _____ it _____(뒤집어놓다).

• What happened : When _____(초콜릿이 마르면),
  I could see the friend's portrait.

Step 3. 초콜릿 초상화 그리기의 과학적인 원리 이해하기 : 초콜릿 초상화 그리기에
활용된 상태변화 과정을 한국어나 영어로 써봅시다.

Step 4. 액화, 승화, 기화 현상 예시 찾아보기 : 과학 시간에 배운 내용을 바탕으로 생
활 속에서 찾아볼 수 있는 액화, 승화, 기화 현상을 찾아 글로 쓰고 그림으로
나타내봅시다.

Three Forms of Water: solid, liquid and gas

Water is made up of tiny molecules. The way the molecules are arranged and move about
depends on whether the water is in solid, liquid or gas form.

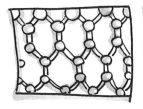	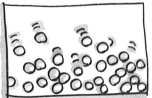	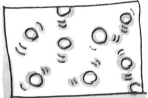
Ice(Solid) molecules	Water(liquid) molecules	Water Vapour(gas) molecules
Molecules in solids are arranged in a regular structure. Each molecule can vibrate but cannot move far. Solids, such as ice, have a fixed shape.	Molecules in liquids are not arranged in a regular structure. They can move about freely. Liquids, such as water, do not have a fixed shape.	Molecules in gases are more widely spaced than molecules in liquids. They move quickly and spread to fill the shape of their container.

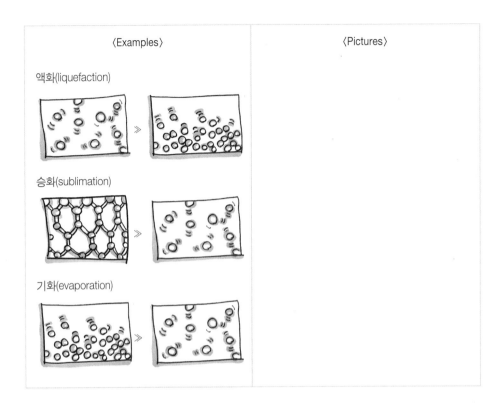

	〈Examples〉	〈Pictures〉
	액화(liquefaction)	
	승화(sublimation)	
	기화(evaporation)	

Step 5. Self Evaluation

No.	Self Evaluation					
1	I figured out characteristics of writing science report.	5	4	3	2	1
2	I completed the science report on chocolate portrait in step 2.	5	4	3	2	1
3	I found and wrote what happened in drawing chocolate portrait.	5	4	3	2	1
4	I found the examples of 액화,기화,승화 현상 and drew some pictures of them.	5	4	3	2	1
5	I made an effort to complete all steps.	5	4	3	2	1

Step 6. Peer Evaluation

♥ (Name :   )

No.	Peer Evaluation					
1	She/he figured out characteristics of writing a science report.	5	4	3	2	1
2	She/he completed the science report on chocolate portrait in step 2.	5	4	3	2	1
3	She/he found and wrote what happened in drawing chocolate portrait.	5	4	3	2	1
4	She/he found the examples of 액화,기화,승화현상 and drew some pictures of them.	5	4	3	2	1
5	She/he made an effort to complete all steps.	5	4	3	2	1

Step 7. 오늘 배운 점을 생각하며 느낀 점을 써보아요.

06

영어-기술 융합 디자인씽킹+PBL 프로젝트
'달걀 일병 구하기'

visual thinking

---

1. 제목 : 영어-기술 융합 디자인씽킹 + PBL 프로젝트 '달걀 일병 구하기(Let's Save Mr. Egg!)'

2. 수업의 의도

우리 학교 학생들이 좋아하는 기술 과목과 접목시켜 실제로 활용할 수 있고 활용 가능성이 높은 활동에 영어 표현 활동을 접목하여 학생들이 창의공학을 배우면서도 영어로 표현하고 검색하는 활동을 할 수 있기를 기대해보았다. 디자인씽킹의 프로세스를 통해 사용자 중심의 공감을 이끌어내고, 프로토타입을 통한 아이디어 구현에 초점을 맞추었다. PBL(Problem-Based Learning)을 통해 제시된 과제(프로젝트)를 협동적으로 해결하기 위하여 5~7명의 소그룹을 편성하여 그룹 토론과 같은 협동 학습을 하는 교수 학습 방법을 활용하였다. 이번에 선택한 PBL 방식의 수업에서는 학습자들이 목적에 따라 스스로 구체적이고 실천적인 계획을 세우고 학습을 진행하게 될 예정이다.

3. 수업 개요

가. 관련 단원 : 1학년 Egg Drop Experiment (영어), 1학년 5단원 건설 기술과 환경 (기술)

나. 수업 목표 : 달걀 낙하 실험을 위한 구조물을 만들 수 있고, 협업 능력과 문제 해결 능력을 기를 수 있다.

다. 교수·학습 방법 및 지도상의 유의점

– 이 차시는 학생들이 실제로 제작하여 실험을 위한 목적으로 영어 텍스트를 찾아 읽고 PBL 과제 수행 계획서를 작성하고 Material Hypothesis Paper(재료 가설 페이퍼 : 재료에 따라 달라지는 결과물 예측하기)를 작성하는 활동이 포함된다. 학생들에게 사전 티저(Teaser) 영상(학생들의 호기심을 불러일으키기 위해 제작된 수업 광고 영상)을 제공하고, 수업 활동 아젠다(Agenda : 수업 과정과 순서를 간단히 기술한 목록)를 미리 공유하였다. 기술 교과에서 실제로 만들기 위한 프로젝트를 함께 발맞춰나가니 학생들이 영어로 표현하는 것을 궁금해하고 환류하는 과정에도 관심이 높았다.

※ 처음에는 학생들의 아이디어에 대해 실현이나 적용이 실제로 가능한가에 대하여 비판적으로 생각했었다. 그러나 기술 교과 선생님과 대화를 나누다 보니 '그런 비현실적인 아이디어들도 수용하고 기술 교과에서 아이디어들을 다듬어나가는 것이 낫지 않을까' 하고 생각하게 되었다. 학생들이 자유롭게 제시한 재료들을 활용하고 프로토타입(Prototype : 본격적인 상품화에 앞서 성능을 검증·개선하기 위해 핵심 기능만 넣어 제작한 기본 모델)을 영어과에서 만들어보는 것도 좋을 것 같다는 생각이 들었다.

라. 융합 수업의 흐름

Project Process	How to Save 'EGG' Soldiers? 달걀 일병을 구하라!!		

문제 상황 제시 (모르는 어휘 및 문법 익히기) ▶	1차 문제 해결 방법 팀 브레인스토밍 (영어) ▶	문제 해결 방법 전체 공유 (영어) ▶	1차 피드백
1, 2차 피드백과 공유 된 정보를 토대로 개 별 과제 연구 (기술) ◀	2차 피드백 ◀	문제 해결 방법 전체 공유 (기술) ◀	2차 Hypothesis Paper 주고 팀 연구(영어)
Writing Ideas for Presentation (영어) ▶	Presentation Output 공유 (영어) ▶	prototype 공유 및 피드백 (기술) ▶	실험 및 평가 (기술)

마. 차시별 수업 전개

1. Unit	Save 'EGG' Soldier! (달걀 일병을 구하라!)
2. Section	Textbook : After You Read (p.132), Writing Connection (p.134)
3. Class Design	Small groups of 3 students(Mixed Group)
4. 창의·인성	Fluency, Originality, Cooperation, Flexibility
5. 핵심 역량	지식정보처리 능력, 의사소통 능력
5. Specific Aims	Students will be able to 1. Think of how to make a structure to keep an egg safe. 2. Show and tell what they design for egg drop experiment. 3. Write an script to deliver their structure for egg dropping.
6. Time Allotment	45 minutes
7. Materials	Teacher : PPT, Video Clip, Smartphone Students : Book, Worksheets, Smartphone

성취 기준	2015 교육과정	[9영03-02] 일상생활이나 친숙한 일반적 대상이나 주제에 관한 글을 읽고 세부 정보를 파악할 수 있다.
	2009 교육과정	[영중9332] 일상생활이나 친숙한 일반적 주제에 관한 글을 읽고 세부 내용을 파악할 수 있다.

1차시	문제 상황 제시 (모르는 어휘 및 문법 익히기)
	1차 문제 해결 방법 팀 브레인스토밍 (영어)
	문제 해결 방법 전체 공유 (영어) / 1차 피드백
2차시	2차 Hypothesis Paper 주고 팀 연구 (영어)
3차시	문제 해결 방법 전체 공유 (기술) / 2차 피드백
4차시	1, 2차 피드백과 공유된 정보를 토대로 개별 과제 연구 (기술)
5차시	Writing Ideas for Presentation, Presentation Output 공유 (영어)
6차시	prototype 공유 및 피드백, 실험 및 평가 (기술)

바. 디자인씽킹을 위한 브레인스토밍의 전제

① 문제를 잘 다듬어서 말한다.

　문제를 명확하게 묘사해야 브레인스토밍에 참여한 사람들이 좀 더 쉽게 주제에 접근할 수 있고, 그 모임은 훌륭한 출발을 할 것이다.

② 어떤 아이디어를 비판하거나 반박하면서 시작하지 마라.

　그로 인해 모임의 활기가 곧바로 약화될 수 있다.

③ 아이디어에 번호를 매긴다.

　이는 모임 전이나 진행 중에 참가자를 자극하는 도구가 되며, 혹은 브레인스토밍이 얼마나 거침없이 진행됐는지 평가하는 수단이 된다.

④ 때로는 단숨에 뛰어넘는다.

　구축하고 뛰어넘을 기회를 살펴라. 아주 정력적인 브레인스토머는 가파른 역학 곡선을 따라가는 경향이 있다. 추진력은 서서히 구축되다가 격렬하게 뛰어오른 뒤 다시 안정 수준에 도달하게 된다.

⑤ 아이디어를 사방에 기록한다.

　거침없이 흐르는 아이디어를 팀원 모두가 볼 수 있는 매체에 기록하라. 디자인 회사인 IDEO는 매직펜, 포스트잇 등의 도구들을 가지고 이를 실천함으로써 대성공을 거두었다.

⑥ 분위기를 얼마 동안 달아오르게 하는 워밍업 시간을 가진다.

　IDEO가 실천하는 워밍업 중에는 빨리 말하는 낱말 놀이가 있다.

⑦ 바디스토밍(bodystorming)을 실시한다.

　뛰어난 브레인스토밍은 아주 시각적이다. 여기에는 스케치, 마인드 매핑, 도형, 인체도가 포함된다. 남 앞에 나서는 데서 생기는 불안은 던져버리고 당신이 활용할 수 있는 비주얼 자료를 가지고서 문 안으로 뛰어들어라.

– 조준동, 《창의융합 프로젝트 아이디어북》,
'디자인씽킹이란', 한빛아카데미, 2015

4. 영어과 본시 수업 지도안

1차시

도입

– [Empathy : 공감 단계]

　'달걀 일병 구하기' 영상과 텍스트를 보고, 달걀 일병의 입장에서 필요한 내용들을 생각해보기

　(짝 토론)

> One day, EGG soldiers shout, "Help us escape from the 4th floor!!!" We ask, "What's wrong with you? What happened on the 4th floor?" They say, "We are trapped because someone locked the door. We can't break the door because it's very dangerous for the fragile eggs. How can I escape from the window?" They ask us to make some structure to hold each egg. To save the eggs, we can put each egg in the structure and drop it from a building. When the structure hits the ground, the egg should not break. You should be creative to keep the eggs safe. Please save the 'EGG' Soldiers from the dangerous situation. You can use whatever you want. You can choose items you can bring.
>
> 　　If your egg lands on the ground without breaking, you become the winner.

전개

[Task 1] PBL 활동에 필요한 네 가지 개념(Fact, Idea, Learning Issue, Action Plan)의 정의를 파악하기
　　　(짝 토론)

[Task 2] 네 가지 개념을 비주얼씽킹 카드로 그려보기 (개인 활동)

[Task 3] [Problem-Solving Skill : 문제 해결 단계]
　　　과제 해결 계획서 (문제 상황을 확인하고, Facts, Ideas, Learning Issues, Action Plan에 대하여 작성해보기 (팀 활동)

– 학생들이 처음으로 과제 해결 계획서를 작성할 경우, 교사의 안내와 시범을 보여주기

Facts (사실)	이 글을 통해 알 수 있는 사실
Ideas (생각)	이 글에 있지는 않지만 알고 있는 생각들, 더 알아보아야 할 것들
Learning Issues (학습 과제)	Fact(사실)와 Idea(생각)를 기반으로 수업과 관련하여 더 연구해볼 가치가 있는 항목들
Action Plan (활동 계획)	Learning Issue(학습 과제)를 연구하기 위해 찾아볼 수 있는 관련 지식, 책, 인터뷰 대상 정하기 역할 배분을 통한 구체적인 조사 계획

정리
- 과제 해결 계획서 공유하기
- Presentation 활동 시 학생들의 아이디어를 교사의 관점보다는 창의성을 발현하는 기회로 간주하여 받아들이는 태도가 필요하다는 사실을 기억하기

2차시
도입
- 비주얼씽킹 카드를 활용하여 지난 차시 PBL 활동에 필요한 네 가지 개념을 복습하기 (팀 활동)

전개
[Task 1] Material Hypothesis Paper 작성하기 (팀 활동)
- 달걀 낙하 시 4층에서 바닥까지 안전하게 도착하기 쉬운 재료를 선정하여 예상해보기

Egg Drop Experiment Hypothesis Paper			
Type (materials)	Prediction (break / not break)		Actual
	name :	name :	name :	

[Task 2] Problem-Solving Skill : 문제 해결 단계
- Filling Material(충전재)을 공유하기 (팀 활동)
- Survival Game 활동으로 아이디어가 소진될 때까지 발표하기

Idea Survival Game 활동이란? 아이디어를 돌아가며 내고, 끝까지 다양한 아이디어를 내는 팀이 살아남는 게임이다. 아이디어가 많아 시간이 부족할 수 있으므로, 어느 정도 공유하고 칠판 나누기 활동을 통해 아이디어를 최대한 많이 추출해볼 수 있다.

[Task 3] Prototype Ideation : 프로토타입 상상해보기 단계
- 비주얼씽킹 스토리 카드를 활용하여, Prototype 아이디어 생각해보기
- 아이디어 스케치하기 (팀 활동)

Egg Drop Experiment Idea Sketch	Team :
(do rough sketch)	
Materials to prepare (준비물)	
Problems to Expect (예상되는 문제점)	
Items to search for solving problems (문제 해결을 위해 찾아봐야 할 것들)	

- 아이디어 스케치를 통해 구현해낸 외양을 영어로 묘사하기 (개인 활동)

아이디어 스케치란? 예상되는 Prototype을 스케치하고 문제 해결을 위해 더 찾아보아야 할 내용들을 더 많이 고민해보는 기회를 마련할 수 있다. 준비물 분담을 하고, 실제로 해결책을 구상하여 달걀 낙하 실험을 해볼 수 있게 시뮬레이션을 할 수 있다.

정리
- 아이디어 스케치 내용을 공유하고 소감 나누기
- 영어 프리젠테이션을 준비하기

Egg Drop Experiment Presentation Board	Team :
(write down your own script)	

3차시

도입
- 아이디어 스케치에 첨가할 내용을 생각해보기 (짝 토론)
- 아이디어 스케치를 완성하고 필요한 어휘 목록을 검색해보기 (개인 활동)

전개
- 영어 프리젠테이션을 준비하기

Egg Drop Experiment Presentation Practice Sheet	
Target Language	▪ Hello. I'd like to tell you our team's structure to keep Egg soldiers safe. ▪ We are going to prepare _____(Things to need)_____ for this project. 우리는 프로젝트를 위해 ____(준비물)____을 가져올 예정입니다. ▪ We think it is important to _____(verb phrases)_____ to save the egg. 우리는 달걀을 구하기 위해 중요한 것은 _____ 것이라고 생각합니다. ▪ We are going to tell you how to make the structure. ▪ First, _____. ▪ Second, _____. ▪ Third, _____. ▪ Do you have any question or feedback, please let us know. ▪ Thank you for listening.

Role (역할 분담) PPT / Visualizer / Reporter/ Writer / Video Recorder	name :	name :	name :	name :

- 학생들의 개별 강점, 역량에 맞게 역할 분담하기
- 자유 작문하기(Free Writing) 활동으로 프리젠테이션 스크립트를 작성하였을 경우, 개별 피드백을 해주기
- 통제 작문 글쓰기(Controlled Writing) 활동(예시)으로 스크립트를 작성한 경우에도 팀별 고쳐쓰기 (Peer Editing) 활동을 통해 영어 내용의 피드백해주기
- 발표 준비 시간을 제공하여 팀별 수준에 의해 발생할 수 있는 준비 속도를 조절하기
- 인지적인 과제 부담을 최소화하기 위해, 제공되는 활동은 수업 활동에서만 해결할 수 있도록 차시를 조절하기

정리
- 글쓰기 및 발표 활동에 대한 소감 나누기
- 기술 시간에 예상할 수 있는 어려움 생각해보기

5. 수업 활동 결과물

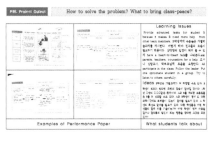

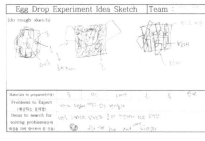

6. 수업 후
   성찰

- 자유학기제란 중학교 교육과정 중 한 학기 동안 학생들이 시험 부담에서 벗어나 자유롭게 꿈과 끼를 찾을 수 있도록 돕기 위한 제도이다. 수업 운영의 틀을 토론, 실습 중심의 학생 참여형으로 짜고, 진로 탐색 활동이나 다양한 체험 활동을 즐길 수 있도록 교육과정을 유연하게 운영하려는 뜻을 담고 있다.

- 자유학기제의 영어 교과 수업은 학습자가 학습의 주도권을 가지는 학생 활동 중심의 수업, 언어 기능의 통합, 정보의 교환, 생각과 감정 전달 도구로서의 언어 사용, 인성 요소의 결합 등의 특징을 지니고 있다. 이에 따라 우리 학교의 특징과 자유학기 영어 교과 수업의 특징들이 반영된, 프로젝트 활동에 기반을 둔 학생 활동 중심의 수업 사례를 구체적이고 현장감 있게 전달하고자 했다. 이번 프로젝트의 계획 단계에서부터 다른 교사들과 함께 아이디어를 공유하고 활동지를 함께 디자인하였으며, 평가-교수학습 과정을 연계하기 위해 고심을 하였으므로, 현장 활용 가능성이 높을 것이라고 기대한다.

- PBL 수업이 처음이라 익숙하지 않은 학생들에게 PBL 예비 활동으로 '수업 갈등 상황을 해결하는 법(How to bring peace to the class)'이라는 주제로 수업을 했다.

- 학생들이 직접 그린 PBL 개념 카드를 활용하여 개념의 정의를 찾아보는 활동도 해보았다. 이때 각 반의 학생들이 그린 카드를 다른 학급에 가서 활용하는 활동도 좋다.

- PBL이나 디자인씽킹이 학습자의 입장에서 자칫 어려운 개념이 되지 않을까 고민하였지만, 위의 사전 활동을 거친 후에 투입하니 학생들이 보다 쉽게 이해하는 것 같았다. 이런 사전-본-사후 활동을 고민하는 단계에서도 디자인씽킹의 공감(Empathy)이 활용되는 것 같아 교수자로서 보람찬 과정이었다.

- 평가의 부담을 낮추기 위해 기술 교과에서 결과물에 대한 평가를 실시하고, 영어 교과에서는 프리젠테이션 활동 등에 대한 자기 평가와 동료 평가를 실시하였다. 자유학기제의 생활기록부에도 학생들의 아이디어 산출, 참여, 프로토타입 스케치, 영어 프리젠테이션 등 다양한 역량과 학생들의 성장 가능성에 대해서 기록을 할 수 있었다.
- [심화] PBL 사전 티저 영상 및 사후 결과물 영상을 학생들에게 만들어보게 하는 것도 좋다. 융합 활동으로 미술 시간에 드로잉이나 애니메이션 만들기 활동, 스톱 모션 만들기 활동을 통하여 교과 교사와 협의하여 진행할 수도 있다.

  ※ 스톱 모션 : 스톱 모션 애니메이션(stop motion animation)의 준말. 여러 대의 카메라를 정렬시키고 한 번에 촬영하여 연속 재생하면 정지된 물체의 촬영 위치를 변화하는 동영상을 만들 수 있다.
- 생활기록부 과목별 세부능력 및 특기사항 입력 내용 : '달걀 일병 구하기' PBL 활동에서 적극적으로 아이디어 브레인스토밍에 참여하여, 주어진 영어 표현을 활용하여 영어로 구조물 소개하기 활동에 적극적으로 참여함. 실생활과 연계한 인성 PBL 활동 과정에서 자신의 의견을 적극적으로 발표하고 구체적인 계획을 작성하는 데 기여했으며 자기 관리 역량과 공동체 역량을 기르고자 노력함.

7. 참고 자료
- 조준동,《창의융합 프로젝트 아이디어북(Creative Convergence Capstone Design with PBL)》한빛아카데미, 2015
- 정준환,《설레는 수업, 프로젝트 학습 – PBL 달인되기 1 : 입문》, 상상채널, 2016

Today's Lesson Review

※ 프로젝트 활동을 통해 느낀 점, 알게 된 점 등을 기록하며 나의 수업 태도 돌아보기

Name _____ Date_____

What I Know	What I have to Find out
Finding out	What I learned

Self - Evaluation					
Student Number : Name :					
Criteria	Excellent	Good	Average	Poor	Very Poor
1. Sharing ideas and information					
2. Participating actively in class					
3. Performing my own role					
4. Participating in group work					
5. Listening to the classmates					

Group Evaluation

Group name :_____ Members : _____

Group name	Criteria (Excellent - 5, Good - 4, Average - 3, Poor - 2, Very Poor - 1)					Total (25)
	Task Completion	Organization	English	Cooperation	Technique	
Team A	☆☆☆☆☆	☆☆☆☆☆	☆☆☆☆☆	☆☆☆☆☆	☆☆☆☆☆	
Team B	☆☆☆☆☆	☆☆☆☆☆	☆☆☆☆☆	☆☆☆☆☆	☆☆☆☆☆	
Team C	☆☆☆☆☆	☆☆☆☆☆	☆☆☆☆☆	☆☆☆☆☆	☆☆☆☆☆	
Team D	☆☆☆☆☆	☆☆☆☆☆	☆☆☆☆☆	☆☆☆☆☆	☆☆☆☆☆	
Team E	☆☆☆☆☆	☆☆☆☆☆	☆☆☆☆☆	☆☆☆☆☆	☆☆☆☆☆	

눈으로 배우고 손으로 익히는
인성교육

인성교육 아이스 브레이킹
'작은 일에도 감사하기'

🔊 visual thinking

몇 년 전 페이스북 등 SNS 상에서 '감사일기'를 쓰는 것이 유행했었다. 하루 일과 중 감사할 일 몇 가지를 일기처럼 적는 것이다. 아주 사소한 것이더라도 간략하게 한 줄로 쓰면 되어서 많은 사람이 부담 없이 감사일기를 적었고 그 효과를 톡톡히 보기 시작했다. 이에 앞서 이 '감사일기'로 큰 효과를 본 사람이 있다. 바로 세계적인 토크 쇼 진행자인 '오프라 윈프리'이다.

그녀는 하루 동안 일어난 일들 중 감사한 일 다섯 가지를 찾아 기록한다. 감사의 내용은 거창하거나 화려하지 않고 지극히 일상적이다. 특히 '얄미운 짓을 한 동료에게 화내지 않고 참을 수 있었던 나 자신에게 감사합니다'라는 감사일기는 내공이 없으면 쓰기 힘든 내용이다.

수십 년간 매일 다섯 가지 감사 목록을 찾아 기록하면서 자신과 주변에 감사하며 살아온 그녀의 성공기는 '인생의 성공 여부는 온전히 개인에게 달려 있다'는 '오프라이즘'을 낳기도 했다.[1]

이처럼 일상적이고 평범한데다 간단하기까지 한 '감사일기'를 통해 그녀는 진정한 행복을 깨달았다고 한다. 매일 감사한 것을 찾아 옮겨 적었더니 감사할 일들이 끊임없이 생겼고, 그러면서 인생도 긍정적으로 변화했다고 한다.

오프라 윈프리의 성공 비결, 우리 학생들에게도 이 '감사의 힘'을 길러줄 필요가 있었고, 감사의 힘을 길러줄 방법으로 친구의 행동을 관찰하고 칭찬해주는 수업을 고안했다. 그 방법은 다음과 같다.

---

1. 민진홍, 《땡큐 파워》, 라온북, 2016, 126~129쪽

1. 제목 : 칭찬 쪽지로 화합하는 우리

2. 수업의 의도

요즘 학생들은 자신의 좋은 점이나 잘한 점은 남에게 적극적으로 드러내고 인정받고 싶어 하지만 반대로 상대방의 좋은 점을 찾아내거나 잘한 점을 칭찬하는 것에는 매우 인색하다. 《칭찬은 고래도 춤추게 한다》는 유명한 서적도 있지만 칭찬을 일상생활에서 자연스럽게 실천하는 일은 생각보다 쉽지 않다. 따라서 우리 학생들이 칭찬의 생활화를 통해 상대방에 대한 긍정적인 관심을 가져보고 더불어 원만한 인간관계를 다질 수 있는 의도적인 칭찬 시간을 가져보고자 한다.

3. 수업 개요

가. 단원 : 인성교육

나. 수업 목표 : 비주얼씽킹 쪽지로 친구의 말과 행동을 칭찬할 수 있다.

다. 교수·학습 방법 및 지도상의 유의점

– 칭찬 시간 자체가 교사의 의도된 활동이기 때문에 자칫 학생들이 몇몇 친한 학생들을 위한 칭찬 쪽지를 작성할 수 있다. 오히려 이 활동으로 인해 소외되는 학생이 생기지 않도록 모둠별 칭찬, 릴레이 칭찬, 이성 칭찬(남학생은 여학생에게, 여학생은 남학생에게), 짝꿍 칭찬 등 다양하게 칭찬 대상자를 탐색할 수 있는 시간이 필요하다.

4. 본시 수업 지도안

도입

– 가정에서 칭찬받았던 경험 발표하기

– 칭찬받았을 때 느낀 점 이야기하기

전개

– 칭찬 쪽지를 쓸 때 유의점 알려주기

• 지난번에 칭찬했던 친구는 제외하기, 상대방이 나한테만 잘하는 행동보다 여러 사람에게 잘하는 행동을 생각하기, 착해서/예뻐서 같은 막연한 이유가 아닌 구체적인 칭찬 행동을 떠올리고 작성하기 등

– 학급에서 칭찬하고 싶은 친구 탐색하기

– 칭찬하고 싶은 친구의 말과 행동을 비주얼씽킹으로 표현하기

정리

– 내가 쓴 칭찬 쪽지 발표하기

– 칭찬 쪽지를 칭찬 게시판에 붙이기

5. 수업 활동 결과물

6. 수업 후 성찰

- 칭찬 활동이 어느 정도 정착이 되면 학급 친구들만이 아닌 부모님이나 우리 주변에서 좋은 일을 하시는 다른 분들도 칭찬할 수 있도록 대상을 다양화한다.
- 칭찬 활동에서 소외되는 학생이 발생하지 않으려면 교사가 때에 따라서는 의도적으로 특정 학생, 즉 친구 관계가 활발하지 않은 학생을 찾아 칭찬해야 한다.

- 칭찬 게시판에 붙이기 위해서는 포스트잇 사용을 권하며 그림과 글을 동시에 표현하기 때문에 너무 작지 않아야 한다.
- 포스트잇 사용이 익숙해지면 학생들이 직접 칭찬 쪽지 틀을 그리게 해도 좋다.

〈칭찬 게시판 활용 모습〉

7. 기타

'사자와 소의 사랑 이야기'로 소통과 공감 찾기

1. 제목 : '사자와 소의 사랑 이야기'로 소통과 공감 찾기

2. 수업의 의도

> 사자와 소는 서로 너무 사랑하여 결혼하게 되었다.
> 사자는 소를 너무 사랑하여 항상 싱싱한 고기를 잡아다주었고,
> 소는 사자를 너무 사랑해서 항상 싱싱한 풀을 뜯어다주었다.

이것이 바로 공감과 소통이 일어나지 않은 관계의 모습이다. 사자와 소는 상대방의 눈, 귀, 코, 혀, 피부처럼 느끼거나 생각하지 않았다. 오롯이 자신의 관점에서 상대방을 생각한 것이다. 나는 상대를 아끼기 때문에 배려한다고 한 행동이지만, 정작 상대방은 전혀 고마워하지 않을 것이다. 오히려 그가 더는 자신을 사랑하지 않는다고 여길 것이다.

학생들에게 이 이야기를 들려주고 결말을 상상해보게 했다. 대부분의 학생들이 사자와 소는 오해가 쌓여 결국 이혼하게 될 것이라고 말했다. 실제 이야기 속 결론도 그러하다. 사자와 소는 서로를 이해하지 못한 채 이혼을 하게 되고, 헤어지면서 "나는 최선을 다했어", "나도 최선을 다했어"라는 말을 남긴다.

수업에서는 어떻게 하면 사자와 소 커플이 이혼하지 않고 행복하게 지낼 수 있을지 머리를 맞대고 생각해보도록 했다. 활동 후에는 사자와 소의 문제에서 벗어나 교실 속 우리의 문제를 생각해보게 한다.

3. 수업 개요
   가. 단원 : 인성교육
   나. 수업 목표 : 우화 '사자와 소의 사랑 이야기'를 통해 소통과 공감의 필요성을 느낀다.
   다. 교수·학습 방법 및 지도상의 유의점
   　　 – 이 차시는 간단한 우화를 통해 소통과 공감이 일어나지 않은 인간관계에서 어떤 문제가 일어나는지 깨닫게 하는 것에 초점을 둔다. 교사가 '소통'과 '공감'이라는 가치를 알려주려고 하지 말고 학생들 스스로 그 가치를 파악할 수 있도록 기다려줄 필요가 있다. 또한 짝 혹은 모둠 간 의견을 교류할 수 있는 시간을 충분히 주는 것이 좋다.

4. 본시 수업 지도안
   도입
   – 친구와 싸웠던 경험과 싸우게 된 이유 생각해보기

   전개
   – 우화 '사자와 소의 사랑 이야기' 읽기
   – 결말 생각하기 : 소와 사자가 이혼하게 된 이유 생각해보기

    – 결말 바꾸기 : 소와 사자가 이혼하지 않고 행복하게 살 방법을 만화로 그려보기

정리
    – 학급에서 일어난 소통과 공감 결핍의 경우 생각해보기
    – 소통과 공감이 있는 학급을 위해 노력할 방법 생각하기

5. 수업 활동 결과물

 소통과 공감의 인성교육
'사자와 소의 사랑 이야기' 결말 바꾸기

◎ 다음은 사자와 소 커플의 이야기입니다.

> 사자와 소가 너무나 사랑해서 결혼을 하게 되었다.
> 소는 날마다 신선한 풀을 가져다가 사랑하는 사자에게 주었다. 사자는 싫었지만 참았다.
> 사자도 최선을 다해 소에게 맛있는 살코기를 가져다주었다. 소도 괴로워하면서 참았다.
> 어느 날 인내심에 한계가 찾아 왔다. 둘은 다투면서 서로에게 말했다.
> "난 너에게 최선을 다했어!"

◇ 이 커플이 다투게 된 이유는 무엇일까요?

    성향이 달라서 / 서로 대화를 하지 않음

◇ 이 커플이 행복하게 살아가려면 어떻게 해야 할까요? 간단한 글과 그림으로 나타내봅시다.

    대화를 해서 서로 좋아하는 것을 찾는다.

사자 ⇒
소 ⇒

> 사자와 소가 너무나 사랑해서 결혼을 하게 되었다.
> 소는 날마다 신선한 풀을 가져다가 사랑하는 사자에게 주었다. 사자는 싫었지만 참았다.
> 사자도 최선을 다해 소에게 맛있는 살코기를 가져다주었다. 소도 괴로워하면서 참았다.
> 어느 날 인내심에 한계가 찾아 왔다. 둘은 다투면서 서로에게 말했다.
> "난 너에게 최선을 다했어!"

◇ 이 커플이 다투게 된 이유는 무엇일까요?

    서로에 대해 잘 모르고 결혼을 하였기 때문에

◇ 이 커플이 행복하게 살아가려면 어떻게 해야 할까요? 간단한 글과 그림으로 나타내봅시다.

결혼하기전에 서로에대해 많이 알아두기

◇ 이 커플이 다투게 된 이유는 무엇일까요?

서로 대화가 없었다

◇ 이 커플이 행복하게 살아가려면 어떻게 해야 할까요? 간단한 글과 그림으로 나타내봅시다.

6. 수업 후 성찰	– 소와 사자가 행복하지 않았던 이유를 물었을 때 가장 많이 나온 답변은 "대화가 부족했다", "상대방을 이해하려 하지 않았다"는 것이었다. 소와 사자는 서로를 잘 알지 못하는 상황에서 결혼했고, 결혼 후에도 대화가 부족했기 때문에 서로를 이해하고 공감하지 못했으리라는 것이다. – 활동 후에는 소와 사자의 문제에서 벗어나 교실 속 우리의 문제를 생각해보게 한다. 우리 교실에도 분명 이런 일들이 일어나고 있을 것이다. 나는 친구를 배려한다고 한 행동인데, 그것이 오히려 친구에게는 서운한 일이 되었을 수도 있다. 그리고 서로 무엇이 섭섭한지 소통이 일어나지 않아 반복하게 되는 것이다. 학급 학생들에게 혹시 나에게도 이런 경우가 있지 않았는지, 내가 친구에게 했던 배려가 사자와 소의 배려는 아니었는지 생각해보게 한다. – 물론 엉뚱한 답변을 하는 학생들도 나온다. 소와 사자가 싸우지 않고 행복하게 살 수 있을지 생각해보라고 하자 한 학생은 "소가 자기 친구 소를 사자에게 데리고 간다"고 대답을 했다. 사자가 좋아하는 고기를 제공해주면 행복해지지 않겠냐는 것. 자기 부부의 행복을 위해 친구를 사지에 몰아넣는 잔인한(?) 방법이긴 하지만, 소가 사자와 대화를 통해 소통을 시도했고, 사자의 취향을 공감해주려고 한 부분은 칭찬해주었다.

유튜브에서 '사자와 소의 사랑 이야기'라고 검색을 하면 관련 동영상도 찾을 수 있다. 간단한 내용이므로 교사가 이야기해주어도 좋지만, 멀티미디어 자료를 원한다면 해당 동영상을 사용해보는 것도 좋을 듯하다.

소통과 공감의 인성교육
'사자와 소의 사랑 이야기' 결말 바꾸기

학년 반 번
이름 :

◎ 다음은 사자와 소 커플의 이야기입니다.

> 사자와 소가 너무나 사랑해서 결혼을 하게 되었다.
> 소는 날마다 신선한 풀을 가져다가 사랑하는 사자에게 주었다. 사자는 싫었지만 참았다.
> 사자도 최선을 다해 소에게 맛있는 살코기를 가져다주었다. 소도 괴로워하면서 참았다.
> 어느 날 인내심에 한계가 찾아왔다. 둘은 다투면서 서로에게 말했다.
> "난 너에게 최선을 다했어!"

◇ 이 커플이 다투게 된 이유는 무엇일까요?

◇ 이 커플이 행복하게 살아가려면 어떻게 해야 할까요? 간단한 글과 그림으로 나타내봅시다.

03 동화 《나 안 할래》로 소통과 공감이 있는 교실 만들기

1. 제목 : 동화 《나 안 할래》[2]로 소통과 공감이 있는 교실 만들기

2. 수업의 의도

아이들의 심리가 자연스럽게 묻어 나오는 그림책.

사슴, 너구리, 다람쥐는 숨바꼭질합니다. 이런, 그런데 사슴이 계속 지기만 합니다.

이때 사슴은 크게 외칩니다. "나 술래 안 할래." 우격다짐으로 친구들에게 가위를 내라고 하는 사슴.

착한 다람쥐가 가위를 내고 숨바꼭질 놀이는 시작됩니다.

과연, 사슴은 친구들과 재미있게 숨바꼭질을 할 수 있을까요?[3]

이 동화책 속 사슴과 동물 친구들의 모습을 통해서 공감과 소통이 일어나지 않은 관계를 살펴볼 수 있다. 주먹밖에 낼 수 없는 사슴에게 가위바위보로 술래를 정하는 방법은 처음부터 너무 불공평했던 것이다. 하지만 사슴은 자신이 처한 문제를 설명하지 않고 화만 내고 막무가내로 우기기만 했다. 동물 친구들도 그가 처한 문제에 관심을 두기보다는 사슴이 막무가내로 행동한다고만 생각했다.

여기까지만 이야기를 들려준 후, 학생들에게 사슴의 문제를 해결하려면 어떻게 해야 하는지 의견을 들어보았다. 팔이나 다리를 사용해 새로운 가위바위보를 한다거나, 손바닥을 엎었다 뒤집었다를 한다는 식의 방법적 해결책을 제시하는 경우가 대부분이었다. 하지만 그중 가장 큰 박수를 받은(그리고 수업의 목표와 가장 잘 맞아떨어진) 대답은 이것이었다.

"사슴에게 어떤 식으로 술래를 정하면 좋겠냐고 물어봐요!"

그렇다. 자신의 입장에서 사슴을 배려하는 방법을 강구하는 것보다는 사슴에게 먼저 의견을 구한 후 함께 방법을 만들어가는 것이 진정한 소통일 것이며, 공감일 것이다. 다음은 학생들과 함께 이야기해 본 바람직한 '숨바꼭질 규칙 정하기'의 모습이다.

3. 수업 개요

가. 단원 : 인성교육

나. 수업 목표 : 동화 《나 안 할래》를 통해 소통과 공감의 필요성을 느낀다.

다. 교수·학습 방법 및 지도상의 유의점

- 이 차시는 지난 시간에 이어 간단한 동화를 통해 소통과 공감이 부족한 인간관계에서는 어떤 문제가 일어나는지 깨닫게 하는 것에 초점을 둔다. 특히 숨바꼭질과 같은 놀이에서 '술래'를 정하는 경험은 학생들이 모두 경험해본 것이므로 그 상황에 더 이입하여 활동에 참여할 수 있다.

---

2. 안미란, 《나 안 할래》, 아이세움, 2004
3. 교보문고 제공 책 소개글(book.daum.net/detail/book.do?bookid=KOR9788937812347) 참조

4. 본시 수업 지도안
　도입
　　- 경험 나누기 : 게임 규칙을 정한 후 갑자기 안 하겠다고 하는 친구가 있다면?

　전개
　　- 동화 《나 안 할래》 읽기
　　- 입장 바꿔 생각하기 : 사슴은 왜 술래를 안 한다고 했을까?
　　- 결말 바꾸기 : 사슴도 즐겁게 할 수 있는 숨바꼭질 규칙 만들기

　정리
　　- 학급에서 일어난 소통과 공감 결핍의 경우 생각해보기
　　- 소통과 공감이 있는 학급을 위해 노력할 방법 생각하기

5. 수업 활동 결과물

① 숨을 때

다람쥐 + 너구리 사슴

머리띠

② 술래 뽑을 때

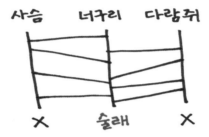

사슴 너구리 다람쥐

X 술래 X

6. 수업 후
성찰

- 이 활동의 경우도 생각지도 못한 엉뚱한 결과물이 많이 나왔다.
사슴이 자신의 뿔(녹용)을 잘라 한약을 만들어 먹고 체력을 길러 잘 숨는다는 내용,
녹용을 팔아 번 돈으로 손가락 수술을 한다는 내용 등이 있었다. 교사가 의도했던
소통, 공감과는 거리가 멀었지만 재치 있는 의견임을 칭찬해주었다.
하지만 다른 동물들과 어울리지 않고 사슴끼리만 모여 숨바꼭질을 한다는 내용의
결과물을 보고는 조금 생각을 하게 되었다. 다양한 사람들이 서로 어울려 즐겁게 살
아가기 위해 소통과 공감이 필요한 것인데, 자기와 같은 입장인 사람들과만 어울린
다는 의견에는 어떻게 피드백을 해주어야 할지 고민이 되었다. 이런 의견이 나왔을
때도 적절하게 피드백해줄 수 있도록 수업 설계 시 더 많은 고민을 해야 할 듯하다.

◎ 왜 사슴은 "나 안 할래!"라고 했을까요? 간단히 적어봅시다.

◎ 사슴과 함께 즐거운 숨바꼭질을 하려면 어떻게 해야 할까요? 간단한 글과 그림으로 표현해봅시다.

04 TV동화 '세상에서 가장 맛있는 라면'으로
소통과 공감의 경험 나누기

visual thinking

---

1. 제목 : TV동화 '세상에서 가장 맛있는 라면'으로 소통과 공감의 경험 나누기

2. 수업의 의도

하지만 아무래도 불안해서 일을 보는 둥 마는 둥 집으로 돌아왔을 때 아이는 곤히 자고 있었습니다.
안도감과 피로가 한꺼번에 몰려와 맥이 탁 풀린 그는 침대에 누우려다가 말고 깜짝 놀랐습니다.
퉁퉁 불어터진 컵라면이 이불 밑에 있었던 것입니다.
'아니, 이 녀석이!'
그는 화가 나서 다짜고짜 잠든 아들의 엉덩이를 때렸습니다.
"왜 아빠를 속상하게 하니? 이불은 누가 빨라고 장난을 치느냔 말이야!"
아내가 떠난 후 아들에게 매를 든 건 처음 있는 일이었습니다.
바로 그때 아이가 울먹이며 말했습니다.
"장난친 거 아냐, 이건 아빠 저녁이란 말이에요."
아빠가 퇴근할 시간에 맞춰 컵라면 두 개를 끓인 뒤 하나는 먹고,
아빠 몫은 식을까 봐 이불 속에 넣어두었다는 것입니다.

아이의 입장에서 본다면 너무나도 억울할 사건이나. 아빠가 따뜻한 저녁 식사를 하셨으면 하는 바람에 이불 속에 라면을 넣어둔 것인데, 내 마음도 모르는 아빠가 대뜸 혼부터 내신 것이니 말이다.
우리 학생들에게도 이런 경험이 있을 것이다. 서로의 경험을 공유해보기 위해 학생들에게 학교생활에서 억울했던 경험을 간단한 그림으로 그려보게 한다. 그다음 그때의 억울했던 감정을 되살리며 종이를 구긴 후, '억울함'이라고 이름 붙인 상자에 던져넣는다.[4] 그리고 교사는 상자 속 종이를 하나씩 꺼내어 사연을 소개한다.

3. 수업 개요
가. 단원 : 인성교육
나. 수업 목표 : TV동화 '세상에서 가장 맛있는 라면'을 통해 공감을 나눈다.
다. 교수·학습 방법 및 지도상의 유의점
  - 이 차시는 간단한 영상을 본 후 억울했던 경험을 나누고 함께 공감하는 것에 초점을 둔다. 또래 학생들은 대체로 관심사나 상황이 비슷하므로 억울한 경험을 나누다 보면 공감대 형성이 잘 이루어진다. 이를 통해 너와 내가 다르지만, 비슷한 점이 많다는 것을 느끼게 된다.

---

4. 억울한 일을 담는 '억울함'은 청주 만수초등학교 이재용 선생님의 연수를 통해 알게 되었다. 필자는 이것을 활용하여 소중했던 일을 담는 '소중함', 감사한 일을 담는 '감사함' 등을 만들어 활동을 해보았다.

4. 본시 수업 지도안

　도입

　　– 경험 나누기 : 교사의 억울했던 경험 이야기하기

　전개

　　– KBS 〈TV동화 행복한 세상〉 '세상에서 가장 맛있는 라면' 보기

　　– 억울했던 사연 비주얼씽킹으로 표현하기

　　– 억울했던 사연 발표하기

　정리

　　– 친구의 억울했던 사연 듣고 공감해주기

　　– 소통과 공감이 있는 학급을 위해 노력할 방법 생각하기

5. 수업 활동 결과물

다음은 교사 모임에서 나눈 활동지이다. 한 선생님의 사연이 재미있어 실어본다.

그 선생님의 학창 시절에 있었던 일이다. 학생부장 선생님이 갑자기 다가오셔서 귀를 잡아당기며 혼을 내셨단다. 갑작스레 이게 무슨 일인가 했는데, 알고 보니 선생님께서 닮은 다른 친구와 착각을 하셨던 것. 똑같은 교복을 입고 똑같은 빡빡머리를 한 남학생들을 구분하기는 힘들었을 것 같긴 하지만, 참으로 억울했을 것 같은 사연이다.

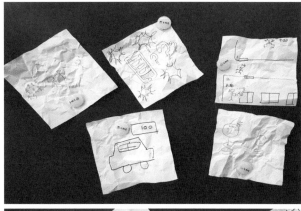

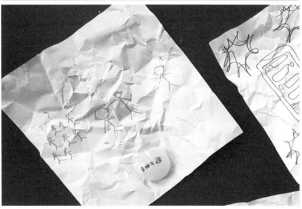

6. 수업 후 성찰	- 사실 글이 아닌 그림으로 사연을 받은 것은 나름의 이유가 있다. 우선, 그림을 보며 어떤 상황인지 학급 학생들이 추측해볼 기회를 제공한다. 친구가 그린 그림을 자신의 경험에 비춰서 어떤 내용일지 추측해보는 시간도 굉장히 유의미하다. 또 글로 사연을 적을 경우에는 문장력이 부족한 학생의 경우 글로 표현해내기가 어렵고, 적더라도 무슨 뜻인지 이해할 수 없는 경우도 생긴다. 또 글씨 자체를 알아보지 못해 해독 불가인 경우 역시 생긴다. 그렇지만 그림은 못 그리더라도 내용을 파악하기 쉽고, 못 그릴수록 그 나름의 매력이 있다. - 이 활동은 수업에도 활용 가능하지만, 학부모와 학생이 함께하는 학부모 교육에도 활용 가능하다.
7. 기타	억울했던 사연을 그린 종이를 '억울함'에 넣고, 교사가 그중 하나를 무작위로 뽑아서 발표했다. 혹시 자신의 억울한 사연을 밝히고 싶지 않다면 종이에 따로 표시를 해두라고 했다. 그러면 억울함에서 그 종이를 뽑더라도 읽지 않고 지나가는 것으로 했다. 또한 억울한 일의 '범위'를 정해주는 것이 좋다. 광범위하게 '억울한 일'을 적으라고 하기보다는 이번 학기, 학교에서 억울했던 일을 적어보라고 하는 것이 학생들이 생각을 펼치기에 더 용이한 것 같다. 또 학기 말에는 감사한 일을 적어 함께 이야기하는 '감사함' 활동도 해보았다. 한 학기동안 학교에서 친구나 선생님에게 고마웠던 일이 있었다면 한 번 떠올려보게 했다. '억울함' 활동과 같은 방식으로 진행하되 종이를 구기지 않고 반듯하게 두 번 접은 후 종이 위에 감사한 대상의 이름을 적게 했다. 발표 후에 학생들의 사연이 적힌 종이는 감사한 대상에게 전해주는 것으로 활동을 끝냈다. 감사한 사연을 살펴보니 아주 사소한 일이라 그 일을 베푼 당사자는 정작 잊고 있었던 일도 많았다. 그리고 그런 사소한 일에 고마움을 표해준 친구에게 더 잘해주고 싶은 마음이 샘솟았다고도 한다. 한 가지 조금 아쉬웠던 점은 인기투표처럼 쪽지를 받는 사람이 몇 명으로 한정되었다는 점이다. 활동에 소외되는 학생이 없도록 활동 방식을 수정해야 할 것 같다.

영상 자료는 유튜브에서 'TV동화 세상에서 가장 맛있는 라면'이라고 검색을 하면 찾을 수 있다. 채 4분이 되지 않는 짧은 영상이므로 간단하게 보여준 후 활동을 진행하면 좋을 듯하다.

05

가정 - 학교 - 지역사회
연계형 인성교육 1

1. 제목 : 부모님 발 그리기 활동

2. 수업의 의도

'수신제가치국평천하(修身齊家治國平天下)'라고 했다. 자신의 몸을 바르게 하는 것이 우선이고 그 후에는 '가정'을 잘 다스려야 한다는 것이다. 가정에서 부모와 자녀의 관계가 화목하지 않은 경우 학교생활은 물론 향후 사회생활에서도 어려움이 따른다. 그러므로 가정에서 부모와 자녀 사이에 충분한 대화를 통해 서로를 이해하려는 노력이 필요하다.

하지만 사춘기에 접어든 중학생들은 부모님과 이야기 나누기를 꺼려한다. 하교 후 집에 돌아오면 스마트폰을 손에 끼고 메신저 속 친구들과는 미주알고주알 소통하지만, 정작 자기 곁에 있는 부모가 자신과 이야기를 나누고자 하면 방문을 쾅 닫고 들어가서 나오지 않는 게 다반사. 어떤 학부모께서는 담임과 상담을 하면서 아이와 서로 눈을 마주 보고 5분이라도 이야기 나눠봤으면 좋겠다고 푸념을 쏟아내시기도 했다. 그러다 보니 자녀의 관심사나 진로 및 진학 희망에 대한 이해가 부족해지고, 부모와 감정의 거리가 점점 더 멀어지게 된다. 이에 학생과 학부모가 잠시나마 한 공간에서 이야기를 나눌 수 있는 시간을 제공하고 싶어서 다음과 같은 프로젝트를 수행했다.

3. 수업 개요

가. 단원 : 인성교육

나. 수업 목표 : 부모님의 발을 그리며 감사하는 마음을 직접 전달해본다.

다. 교수·학습 방법 및 지도상의 유의점

- 사전에 학생들의 가정 환경에 대한 이해가 필요하다. 우리 반의 경우 어머니가 안 계신 학생이 없었다. 그래서 프로젝트의 대상을 '어머니'로 지정했다. 요즘에는 부모님 중 한 분, 혹은 두 분 모두 안 계신 가정이 많다. 교사가 상황을 보고 프로젝트의 대상을 조절해야 할 것이다. 집안 어르신, 혹은 평소에 존경하는 분 등을 대상으로 해도 좋을 것 같다.

- 부모님께도 미리 공지를 해드리는 것이 좋다. 그래야 학생도, 부모도 덜 민망하기 때문이다. 우리 반은 활동 전에 학급 사이트를 통해 학생과 학부모에게 공지를 띄웠다. 그 결과 아이들이 쭈뼛쭈뼛 다가왔을 때, 어머니들도 당황하지 않고 선뜻 발을 내밀어주셨다고 한다.

4. 본시 수업 지도안

수업을 진행한 것이 아니라 숙제로 내준 것이므로 따로 수업 지도안은 없다.

필자는 숙제로 내주고 따로 수업에서는 언급하지 않았으나, 어떤 선생님의 경우처럼 학생이 받아온 학부모의 편지를 함께 읽는 시간을 가지는 것도 좋을 듯하다.

5. 수업 활동 결과물

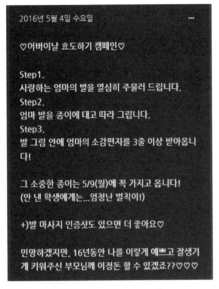

학급 공지사항을 올리는 '클래스팅'[5]이라는 사이트에 다음과 같이 미리 공지를 띄워두었다.

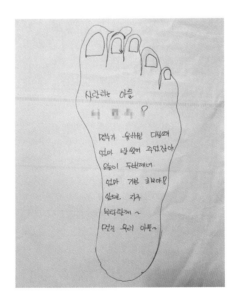

---

5. www.classting.com

	– 5월 4일에 숙제로 내준 후 5월 9일까지 활동 결과물을 다 가지고 오라고 했지만 예상보다 일주일이 더 걸렸다. 평소에 굉장히 성실한 학생이 며칠을 기다려도 결과물을 가지고 오지 않았다. 무슨 일인지 물어보니, 부모님이 식당을 운영하셔서 늦게까지 일하시고 늦게까지 주무셔서 그간 어머니와 마주칠 시간이 없었다는 것이다. 그런 사정도 모르고 다그칠 뻔했던 것이다. 그 학생은 일주일 후에 어머니의 발을 그려서 편지를 받아왔다. 이렇듯 가정마다 다양한 사정이 있을 수 있으므로 이 활동을 할 때는 시간을 넉넉하게 제공할 필요가 있을 듯하다.
6. 수업 후 성찰	– 부모님의 발을 씻겨드릴 때, 부모님의 발을 따라 그릴 때, 부모님이 적어주신 편지를 보았을 때 어떤 기분이 들었는지 친구들과 이야기를 나눠보게 한다. 짧게라도 학생들과 활동에 대한 소감을 나누는 것이 좋을 것 같다. 필자는 숙제로 낸 후 따로 소감을 나누는 활동을 진행하지 않았는데, 소감을 나눠본 경험이 있는 선생님들이 다음부터는 꼭 소감을 나눠보라며, 자기 부모님의 편지와 친구 부모님의 편지를 읽으며 학생들이 느끼는 감동이 훨씬 커진다는 이야기를 해주셨다. – 초등학교에서는 부모님 손 그리기, 발 그리기와 같은 활동을 많이 하지만, 중학교에 들어온 후에는 이런 활동을 할 기회가 없었을 것이다. 이 활동 후 학부모님들에게 감사하다는 연락을 가장 많이 받은 것 같다. 사춘기 아이들과 살을 맞대고 이야기할 수 있는 시간을 갖게 해주어 너무 고맙다는 이야기들이었다.

06

가정 - 학교 - 지역사회
연계형 인성교육 2

1. 제목 : 추석을 맞아 내가 실천할 수 있는 감사의 방법 알아보기

2. 수업의 의도

추석이라는 단원은 각종 곡식이나 과일에 대한 풍성한 수확에 대한 감사의 마음에서 시작된 명절임을 배우는 단원이기도 하다. 그렇지만 추석 때 감사의 방법을 표현하는 것 자체를 평가하는 것은 학교에서 실질적으로 이루어질 수 없다. 따라서 추석이 되기 전에 각자 자신이 실천할 수 있는 감사의 방법을 미리 알아보고 비주얼씽킹으로 표현함으로써 감사의 마음을 지닐 수 있는 자세가 되어 있는지 확인하는 과정이 필요하다.

3. 수업 개요

가. 단원 : [교과-인성] 통합 교과 가을 2. 추석

나. 수업 목표 : 추석을 맞아 내가 실천할 수 있는 감사의 방법을 알 수 있다.

다. 교수·학습 방법 및 지도상의 유의점

 – 이 차시는 추석을 맞아 조상과 웃어른을 공경하고 감사하는 마음을 담을 수 있는지에 초점을 두고 평가한다. 따라서 실제 추석 때 가족이나 친척들을 만나 자신이 실천할 수 있는 다양한 감사의 방법을 미리 생각해보고 비주얼씽킹으로 표현할 수 있게 지도한다. 또한 추석 이후에 추석 때 어떤 일을 했는지 다시 알아보며 실천 여부에 대해 피드백을 한다.

4. 본시 수업 지도안

도입

 – 작년 추석에 어떤 일을 했는지 발표하기

전개

 – 추석의 의미 생각해보기

 – 추석 때 만나는 사람들을 생각해보기

 – 추석 때 조상이나 웃어른께 감사하는 마음을 전하는 방법 알아보기

 – 내가 실천할 수 있는 감사의 방법을 4컷 그림으로 알아보기

정리

 – 자신이 실천할 수 있는 감사의 방법 발표하기

 – 네 가지 감사의 방법 중 꼭 실천할 한 가지를 정해서 모둠 친구들 앞에서 약속하기

5. 수업 활동 결과물

[통합교과/가을] 추석 때 내가 할 수 있는 감사의 방법을 4컷 그림으로 표현하기!

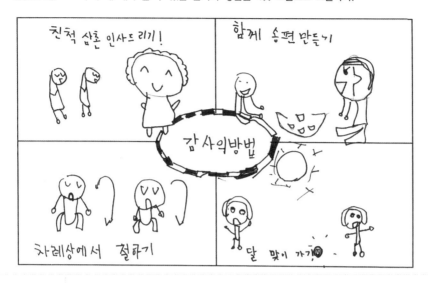

6. 수업 후 성찰

- 감사의 방법에 대하여 선물을 주는 등의 눈에 보이는 것, 즉 물질적인 것만을 생각하는 경향도 있으므로 어린 학생들이 직접 할 수 있는 몇 가지 사례를 제시해주는 것이 더욱 효과적이다.
- 친척과 함께 산책하거나 이야기를 들어주는 것 역시 오랜만에 보는 웃어른에 대한 감사의 표현임을 알려준다.

사후 활동 (추석 때 감사의 마음을 표현했는지 확인)

[비주얼씽킹]
추석에 한 일 그리기!

[비주얼씽킹]
추석에 한 일 그리기!

7. 기타

감사의 방법 비씽으로 표현하기

추석 때 내가 할 수 있는 감사의 방법을 4컷 그림으로 표현해봅시다.
(가로로 사용하세요.)

감사의 방법

추석 때 한 일 비씽으로 표현하기

07 인성교육으로
교과 수업 진행하기

visual thinking

---

1. 제목 : 나만의 새로운 인성 표지판

2. 수업의 의도

　　우리 주변 곳곳에는 다양한 표지판이 있다. 어떤 사실을 알리기 위한 이러한 표시는 대부분 대상의 특징만을 간단하게 살린 그림이나 짧은 글로 안내되어 있다. 표지판 자체만으로도 비주얼씽킹 수업을 위한 가장 효과적인 학습 도구가 될 수 있는 것이다. 이 수업에서도 학생들이 표지판에는 어떤 뜻이 담겨 있는지 알고, 글의 중심 내용도 함께 파악하는 데에 그 목표를 두고 있다. 따라서 본 차시에서 글의 내용을 이해한 후 재구성 심화 활동으로 자신만의 새로운 표지판을 만들어보고자 한다.

3. 수업 개요

　　가. 단원 : [국어-인성] 국어 8. 생각하며 읽어요.
　　나. 수업 목표 : 상대방에게 알리고 싶은 내용을 표지판으로 만들어 전할 수 있다.
　　다. 교수·학습 방법 및 지도상의 유의점
　　　　- 이 차시는 국어 교과 본 차시 후 심화 활동으로 재구성하여 진행할 수 있다. 학생들이 알리고 싶은 내용은 영역을 불문하고 매우 다양할 것이다. 상황에 따라 특정 주제로 한정하여 표지판을 만들 수도 있지만 될 수 있는 대로 학생들의 자유로운 발상을 허용하도록 한다. 평소 친구들에게 하고 싶었던 말이나 행복한 학교생활을 위한 새로운 규칙에 대하여 다양하게 이야기해보는 시간도 가져봄으로써 자연스럽게 생활교육으로 이어져도 좋다.

4. 본시 수업 지도안

　도입
　　- 우리 생활 주변의 다양한 표지판 살펴보기 (유튜브 검색어 - 표지판)

　전개
　　- 평소 상대방에게 알리고 싶었던 내용에 대해서 모둠별로 의견 나누기
　　- 알리면 무엇이 좋은지 생각하기
　　- 각자 자신이 생각한 표지판 만들기
　　- 모둠별로 새로운 표지판을 친구들에게 발표하기

　정리
　　- 모둠별로 가장 알리고 싶은 표지판을 두 개 정하여 전체 발표하기
　　- 학교에서 바로 활용할 수 있는 표지판을 크게 확대하여 해당하는 장소에 게시하기
　　　(예 : 풀 뚜껑을 닫으세요 → 학용품함 앞에 붙이기 / 뒷문을 꼭 닫으세요 → 뒷문에 붙이기)

[국어-인성 주제 통합]
인성 표지판이 말을 해요

학년   반   번
이름 :

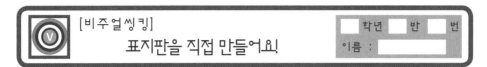

물을 쓰고 뚜껑을 닫으세요

넘어짐 주의.

똥을 싸지마세요

욕하지않아요.

급식을 잘먹으세요.

쓰레기를 정리 해요

바다에서 물놀이 할때 비행기를 조심하세요.

| 6. 수업 후 성찰 | − 주제를 한정하지 않았을 때는 매우 다양한 내용이 나온다. 특히 일부 학생들은 부모님을 생각하며 '담배를 피우지 마세요', '술을 먹지 마세요.' 등의 표지판을 만들기도 했다.
− 친구들과 사이좋게 지내는 표지판, 학급의 규칙과 관계된 표지판 등 교사의 의도에 따라 주제를 정한 후 해당 내용을 교육용으로 다시 사용해도 좋다. 특히 특정 장소에 붙여도 되는 표지판들을 활용하면 학생 주도적으로 규칙을 만들어 지킬 수 있는 생활교육의 한 방법이 될 수 있다. |

여기에서 제시한 수업 외에도 한국교육개발원의 인성교육지원센터(insung. kedi.re.kr)에서 인성교육에 사용할 수 있는 다양한 자료를 찾을 수 있다. 사이트 내 '정보마당 – 자료실'에 들어가면 초·중·고 학교급별로 사용 가능한 인성교육 자료를 내려받을 수 있다. 창의적 체험 활동이나 자유학기제 프로그램에도 사용할 수 있으며, 교사가 바로 수업에 활용할 수 있도록 지도안과 PPT 자료도 첨부되어 있다.

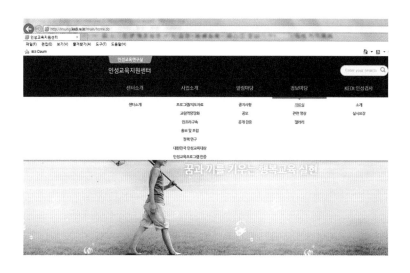

◎ <일반 표지판>과 <인성 표지판>을 섞어서 세 개를 개발합니다.

'내'가 있는
독서 토론 비주얼씽킹

비주얼씽킹을 활용한
'내'가 있는 독서 토론

visual thinking

독서 토론은 독서 후 스스로 내용을 이해하고 소화하여 자신의 사고나 행동에 도움이 되게 하는 독서 과정의 하나이다. 이런 점에서 일반적인 토론과 다소 다르며, 내용을 이해하고 소화하는 과정은 '토의'적 성격이 강하고, 자신의 사고나 행동을 밝히고 설득하는 과정은 '토론'적 성격이 강하다. 따라서 독서 토론은 토론과 토의의 특성을 모두 갖되, 독서라는 매개를 통해 이루어지는 행위로 보아야 한다.[1]

〈'내'가 있는 독서 토론 비주얼씽킹〉은 위에서 말한 독서 토론의 성격을 반영하여 다음의 4단계로 이루어진다.

1. 내용을 이해하고 소화하는 과정에서 비주얼씽킹으로 공유하기
2. 자신의 생각을 밝히고 상대를 설득하는 토론하기
3. 토론한 내용을 비주얼씽킹으로 표현하기
4. (과제) 독서 토론 후 자신의 생각을 글로 표현하기

학교 수업에서는 책 한 권을 다 읽고 학습을 진행하기보다는 책의 일부를 읽고 활동하는 경우가 더 많으므로, 글을 읽고 어떻게 독서 토론 비주얼씽킹을 진행했는지 실제 사례를 제시하려 한다. 이 수업 방식을 적용한다면 책 한 권을 모두 읽고 하는 독서 토론은 물론, 그 토론 내용을 바탕으로 비주얼씽킹하

---

1. 배철우, 《독서교육, 스토리텔링을 만나다》, 예영커뮤니케이션, 2014

는 수업으로도 진행 가능할 것이다.

  〈'내'가 있는 독서 토론 비주얼씽킹〉에서 '내가 있다는 것'은 책을 읽고, 수업 시간에 학생과 교사가 함께 지식과 생각을 공유하고 서로 배우는 것으로 끝나는 것이 아니라, 학생 개개인이 지식을 재구성하고 창의적인 생각을 표현하는 것까지 나아가는 수업을 지향한다는 의미를 담고 있다.

'내'가 있는 독서 토론 비주얼씽킹				
윤동주의 〈길〉 독서 토론	1차시	두 줄 시 비주얼씽킹	문학 (Fiction)	토의적
	2차시	현실의 '나', 꿈꾸는 '나' 비주얼씽킹		
	3차시	나도 작가다 - 친구의 작품과 윤동주의 작품 비교하기		
	과제	여덟 줄 글쓰기		
〈두 얼굴의 에너지〉 '방사성 물질'에 대한 글 독서 토론	4차시	질문하며 독서하는 짝 비주얼씽킹	비문학 (Non-Fiction)	토론적
	5차시	피라미드 토론 비주얼씽킹		
	6차시	두 마음 토론 비주얼씽킹		
	과제	여덟 줄 글쓰기		

  필자는 이 활동을 크게 문학(Fiction)과 비문학(Non-Fiction)으로 나누어 진행했다. 총 6차시 중에 3차시는 문학을 제재로 독서 토론 비주얼씽킹을, 나머지 3차시는 비문학을 제재로 독서 토론 비주얼씽킹을 진행하여 다양한 글에 적용할 수 있는 모델을 제시하였다.

  문학 3차시 수업과 비문학 3차시 수업 후에는 여덟 줄 글쓰기 과제를 주어서 학생들이 부담을 갖지 않고 자신의 생각을 글로 다시 표현하게 하였다. 이후 '독서 토론 - 비주얼씽킹 - 여덟 줄 글쓰기'가 익숙해지면, 더 긴 분량의 글쓰기를 유도해 학생들이 자세히 자신의 생각과 느낌을 적도록 지도했다.
  비주얼씽킹한 내용을 바탕으로 글을 쓰는 과제는 자신이 그려보았던 내용을 표현하는 과정으로서 논리적으로 자신의 생각을 정리하는 능력을 키우는 과정이다. 이 과정을 통해 학생들은 자신의 사고를 점검하게 된다.

02 두 줄 시 비주얼씽킹

visual thinking

---

1. 제목 : 두 줄 시 비주얼씽킹

2. 수업의 의도

학생과 학생 사이의 관계, 학생과 교사 사이의 관계를 형성하여, 관계성을 바탕으로 학생들이 자신의 생각을 비주얼씽킹으로 자유롭게 표현하고 공유하는 시간을 가지려 했다. 특히 글을 읽기 전에 글의 주제어를 바탕으로 한 비주얼씽킹 활동을 통해 글에 대한 흥미도를 높이고 이후의 활동을 전개할 수 있는 초석을 마련하고자 했다.

3. 수업 개요

가. 수업 목표 : 1. '내'가 있는 나만의 명패를 만들 수 있다.

2. '길'을 주제로 두 줄 시를 쓸 수 있다.

나. 교수·학습 방법 및 지도상의 유의점

– 비주얼씽킹 수업의 장점은 학생들이 수업을 놀이로 생각한다는 점이다. 그렇기에 서로가 즐겁게 수업에 참여할 수 있도록 허용적인 분위기를 조성하는 것이 필요하다. 또한 비주얼씽킹에서 중요한 것은 좋은 비주얼, 멋진 그림이 아닌 좋은 생각, 구체적인 생각이 중요함을 안내한다.

4. 본시 수업 지도안

도입

– 그림책 읽어주기 : 《친구에게》 (김윤정, 국민서관, 2016)

전개

– 종이 명패 만들기

① 앞면 : 이름 앞에 나를 잘 표현하는 꾸밈말 붙이고 비주얼씽킹한다.

② 뒷면 : 질문 만들어 친구들의 답 적어오기 (질문 다섯 개를 만들고, 질문 한 개당 두 명의 친구에게 답을 받는다.)

– '길'을 주제로 두 줄 시 쓰기 비주얼씽킹!

교사의 예시가 있으면 좋다. 필자가 든 예시는 '바닷길'이었다.

우리가 걸어가는 수업의 길은 바닷길과 같아서 깊고도 넓다.

정답이 없다. 너와 내가 함께 만들어가는 것일 뿐.

정리

– 두 줄 시 공유하기

5. 수업 활동 결과물

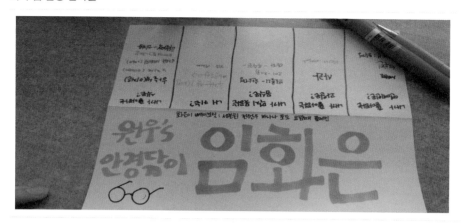

바닷길

유현우

슬픈 바닷길,
차가운 그 길에서
얼마나 힘들었어
얼마나 아팠어

가라앉은 공기속에서
길을 잃고 헤멜때
얼마나 무서웠어

미안해, 너의 손을 잡아주지 못해서
미안해, 너를 위해 할수 있는 일이
눈물 흘리는 일 밖에 없어서

그곳에서는 아프지 않길
그곳에서는 꽃길만 걷길

길

같은 길,
누군가에겐 험한 산길,
누군가에겐 개운 빨길음.

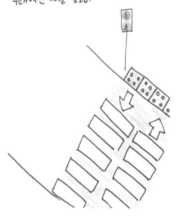

6. 수업 후 성찰	- '명패 만들기 활동'에서 자신의 이름 앞에 붙일 만한 꾸밈말을 생각하는 것을 어려워하는 학생들이 많았다. 그동안 자신에 대해 생각해본 경험이 많지 않았다고 고백하는 아이들을 보며, 자신에 대해 좀 더 많은 생각을 할 수 있는 수업을 해야겠다는 다짐을 하게 되었다. - 다른 사람에게 하고 싶은 질문을 만들고 답을 받아오는 활동에서 학생들이 즐거워하는 모습을 보며 필자도 덩달아 즐거워지는 기분을 느끼게 되었다.

친구에게 그림책 읽어주기

이 활동은 학생들의 상상력을 자극하는 데 좋다. 비주얼씽킹 수업에서 그림책을 활용하는 것은 큰 의미가 있다. 그림으로 자신의 생각을 표현하는 그림책을 통해 학생들은 알게 모르게 자극을 받기 때문이다. '이렇게도 생각할 수 있고 또 저렇게도 표현할 수 있구나' 하고 생각하게 된다. 그러면 굳이 많은 설명이 없어도 아이들은 비주얼씽킹을 이해하고 표현한다.

종이 명패 만들기를 통한 스킨십

이 활동을 할 때는 미리 활동 내용을 설명하지 않고 그때그때 학생들에게 해야 할 활동을 안내한다. 학생들의 호기심을 최대한 자극하기 위한 노력이다. '명패 만들기'는 일단 A4 용지를 세로로 놓고 김밥을 말 듯 4단으로 접어서 명패를 만들고, ①에 자신의 이름을 적게 한다.

②에는 펜으로 네 개의 세로 선을 그어서 자유롭게 공간을 나누어 다섯 개의 공간을 만들게 한다. "앞으로 질문을 적을 건데, 질문만 적고 절대 답을 적지 말라"고 신신당부를 한다.

첫 번째 공간에는 교사의 질문을 적게 하는데, 필자가 애용하는 질문은 '내가 좋아하는 연예인은?'이다. 두 번째 공간부터는 학생들이 직접 질문을 적게

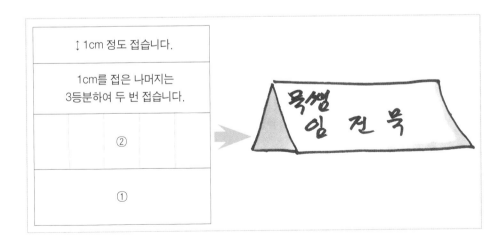

한다. 질문을 잘 못 적는 학생들이 많을 것이다. 그럴 때에는 질문의 예시를 그냥 읊어준다. "예를 들면, 내가 좋아하는 색은? 내가 사는 동네는? 내 신발 사이즈는? 뭐, 이런 거 적으면 돼. 아무것이나 다 괜찮아"라고 말해준 후 학생들에게 충분한 시간을 준다.

질문을 거의 다 적으면 다음 활동을 안내한다.

"이제 친구들을 만나러 여행을 떠납니다. 한 칸당 두 명의 학생들에게 그 질문에 대한 답을 받아오면 되는 겁니다. 친구에게 내 명패를 주고 그중에서 대답하고 싶은 질문을 선택해서 자신에 대한 답을 적어달라고 하면 되는 거예요. 그리고 그 답 옆에 이름을 적어달라고 하세요. 질문에 대한 답을 적는 친구들은 모두 다 달라야 해요. 즉, 여러분이 그 칸을 다 채우려면 열 명의 친구들을 만나서 내가 만든 질문에 대한 친구들의 답을 받아와야 하는 거예요."

이렇게 안내하고 활동을 진행하면, 학생들은 역동적으로 움직이며 친구들을 만나서 질문에 대한 답을 받아온다. 그러면서 자신들도 모르게 서로를 알게 되고, 공통점이 있으면 기뻐한다.

질문 활동이 마무리되면 각자 자리에 앉아서 명패에 써진 자신의 이름 앞에 자신이 듣고 싶은 수식어나 별명, 또는 자신을 가장 잘 나타내는 별명이나 수식어를 적게 한다. 그리고 그에 걸맞는 그림을 그리게 하는 '비주얼씽킹'을 하게끔 한다. 이때 중요한 것은 그림 실력이 아니라 생각임을 강조한다. 자신에 대해 깊이 생각해보라고 조언하며 앞으로 이 명패를 수업 시간마다 꺼내놓아서 선생님이 여러분의 이름을 기억할 수 있게 도와달라고 부탁하면 학생들은 더욱 진지하게 명패 만들기 활동에 임하게 된다.

'길'을 주제로 두 줄 시 쓰기 비주얼씽킹

아이들에게 비주얼씽킹을 하게 하면서 두 줄만 쓰라고 안내하자 두 줄 이상 써도 되냐고 물어보는 학생들이 많았다. 그때는 교사의 판단대로 진행하면 된다. 두 줄이라는 작은 분량 안에 자신의 생각을 함축적으로 표현하길 원한다면 두 줄 안에 적어보도록 안내하고, 자유로운 분위기 아래 시를 쓰는 즐거움을 누릴 수 있길 원한다면 "어, 괜찮아"라고 말하면 된다. 필자는 후자를 택했다.

1차시에서 제시한 숙제는 다음 차시에서 배울 윤동주의 〈길〉을 읽어오는 것이다.

> ※ 개인적으로 '윤동주'의 시를 좋아한다. 거기에는 그의 삶이나 시가 주는 의미와 메시지도 있지만 또다른 이유가 있다. 저작권이 만료된 시인이기 때문에 어떠한 목적으로 그의 시를 활용해도 문제가 없다는 점이다. 저작권법 제39조 1항은 "저작재산권은 이 관에 특별한 규정이 있는 경우를 제외하고는 저작자가 생존하는 동안과 사망한 후 70년간 존속한다"라고 규정하고 있다.

길

_ 윤동주

잃어버렸습니다.
무얼 어디다 잃었는지 몰라
두 손이 주머니를 더듬어
길에 나아갑니다.

돌과 돌과 돌이 끝없이 연달아
길은 돌담을 끼고 갑니다.

담은 쇠문을 굳게 닫아
길 위에 긴 그림자를 드리우고

길은 아침에서 저녁으로
저녁에서 아침으로 통했습니다.

돌담을 더듬어 눈물짓다
쳐다보면 하늘은 부끄럽게 푸릅니다.

풀 한 포기 없는 이 길을 걷는 것은
담 저쪽에 내가 남아 있는 까닭이고,

내가 사는 것은, 다만,
잃은 것을 찾는 까닭입니다.

'내'가 있는 독서 토론 비주얼씽킹
1차시 : 두 줄 시 비주얼씽킹

( )학년 ( )반 ( )번
책을 제대로 볼 줄 아는 나의 이름은 _____

1. 종이 명패 만들기

| ↕ 1cm 정도 접습니다. |
| 1cm를 접은 나머지는
3등분하여 두 번 접습니다. |
| ② |
| ① |

1) 선생님께 받은 종이를 옆 그림과 같이 접습니다.
    접어서 세우면 종이 명패가 됩니다.

2) ①번에는 자신의 이름을 크게 적고 자신을 잘 나타낼 수
    있는 꾸며주는 말을 적습니다. 그리고 어울리는 그림을
    그려보세요.

3) ②번에는 자신이 다른 사람에게 묻고 싶은 질문을 칸마
    다 한 개씩 총 다섯 개를 적습니다.

2. '길'을 주제로 두 줄 시를 적어보세요. 내용에 어울리는 그림도 그려보세요.

03 현실의 '나', 꿈꾸는 '나'
비주얼씽킹

---

1. 제목 : 현실의 '나', 꿈꾸는 '나' 비주얼씽킹

2. 수업의 의도

　　윤동주의 〈길〉은 담 저쪽에 있는 '나'가(6연), 이상적인 자신(자아)을 찾기 위해 길을 걷고 있고, 계속 걸어갈 것이라는 의지를 보여주는 시이다. 자신이 누구인지 정체성을 잃어버린 상황에서 자아 탐색을 하고 현실을 극복하려는 시의 내용은 학생들에게도 적용할 수 있다. 이에 이러한 시의 내용을 파악하고 이를 자신의 삶에 적용하는 수업을 기획하였다. 학생들에게 문학 작품이 자신에게도 적용 가능하며, 시인의 생각에 공감할 수 있다는 것을 체험하게 하고 싶었기 때문이다.

3. 수업 개요

　가. 수업 목표 : 1. 윤동주의 〈길〉의 내용을 파악할 수 있다.
　　　　　　　　 2. 윤동주의 〈길〉을 자신에게 적용하고 이를 비주얼씽킹으로 표현할 수 있다.

　나. 교수·학습 방법 및 지도상의 유의점
　　 – 학생들이 시를 감성적으로 느낀 다음 시의 내용을 파악하고 이를 적용할 수 있게끔 해야 한다. 이를 위해서는 교사가 먼저 시를 감성으로 느끼고 이후에 지식적으로 탐구하여 자신의 삶에 적용해야 한다.

4. 본시 수업 지도안

　도입
　 – 몇 장의 멋진 길 사진을 보여주고 가장 마음에 드는 길에 대해 이야기를 나누어본다.

　전개
　 – 윤동주의 〈길〉 낭송하기
　　 학생들 중 한 명을 추천받아서 시를 낭송하게 한다.
　 – 시의 내용 파악하기
　 – 현실의 '나', 꿈꾸는 '나' 비주얼씽킹
　　 자신이 꿈꾸는 나와 현실 속의 나를 그려보며, 자신의 삶을 성찰해보도록 한다.

　정리
　 – 공유 : 각자의 비주얼씽킹 작품에 서로 제목을 붙이며 공유한다.

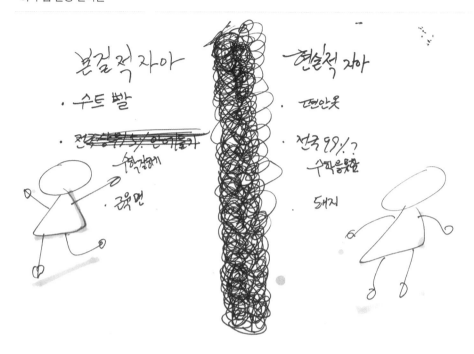

6. 수업 후 성찰	– 아이들의 고민을 알 수 있는 수업이었다. 외모, 성적, 꿈, 이성 교제 등 그들이 어떤 고민을 하고, 무엇에 관심이 있는지 파악하는 데 도움이 되는 수업이었다. 비주얼씽킹을 통해 자신을 자연스럽게 드러내는 수업이라 의미가 있었다고 생각되었다. – 아이들의 고민은 외적인 부분, 또한 보여지는 부분에 많이 치중해 있었는데, 이를 좀 더 깊이 있는 성찰과 고민으로 이끌어내는 수업이 필요하다고 느꼈다. 자신에 대해 알아가는 수업, 자신을 표현하는 수업으로 '나'를 찾아가는 여행으로 수업을 이끌고 싶다는 소망이 생겼다.

본격적으로 윤동주의 〈길〉을 배우는 시간이었다.

의외로 시는 많은 과목과 잘 어울린다. 시는 다양하게 해석이 가능하고 이를 어떻게 학생들이 적용하느냐에 따라 지식이나 학생의 경험과 잘 연결되기 때문이다. 또한 어떤 활동을 한 후, 또는 지식을 배운 후 가장 핵심적인 내용을 시로 표현하게끔 하면 아이들은 상상력을 발휘하여 이를 잘 표현한다.

윤동주의 〈길〉을 낭송하는 시간, 잔잔한 배경 음악을 깔아주면서 낭송하는 학생에게 마이크를 쥐어주고 낭송케 하면 수업의 분위기가 달라진다. 분위기가 잘 안 잡힐 때 필자가 쓰는 방법은 아이들에게 눈을 감으라고 하고 "너희는 시인이야. 시를 느낄 수 있어"라는 말과 함께 감정을 잡게 한다. 그리고 낭송하는 학생에게도 감정을 충분히 실어서 천천히 읽으라고 조언한다. 잔잔한 음악과 시를 느끼며 낭송하는 친구의 목소리는 그 무엇보다 좋은 수업 자료가 된다.

이후 모둠 활동으로 시를 파악하는 활동을 하게 했다. 타 과목의 경우에는 이 시의 내용과 배운 내용을 연관 지어서 생각해보라는 과제를 주는 것도 좋을 것 같다. 서로 전혀 연관이 없어 보이는 것을 강제로 결합하여 사고하게 하는 것은 창의적인 발상에도 도움이 된다.

'내'가 있는 독서 토론 비주얼씽킹
2차시 : 현실의 '나', 꿈꾸는 '나' 비주얼씽킹

( )학년 ( )반 ( )번

책을 제대로 볼 줄 아는 나의 이름은 _____

1. '길' 사진 보고 이야기 나누기

　　내가 가장 마음에 드는 '길'은 _____ 이다.

　　왜냐하면 _____ 이기 때문이다.

2. 시 내용 파악하기

　　1) 시적 화자가 처한 상황은?

| |
| |

　　2) 시적 화자의 정서와 태도는?

| |
| |

　　3) 중요한 시어와 의미는?

| |
| |

3. 현실의 '나', 꿈꾸는 '나' 비주얼씽킹

| |
| |

4. 친구의 비주얼씽킹을 보았을 때의 생각과 느낀 점은?

| |
| |

04 나도 작가다
친구의 작품과 윤동주의 작품 비교하기

visual thinking

---

1. 제목 : 나도 작가다 - 친구의 작품과 윤동주의 작품 비교하기

2. 수업의 의도

　문학 작품은 무조건 위대하고 유명한 작가들만 쓴다고 오해하는 경우가 있다. 그래서 문학 작품과 거리감이 생긴다. 이러한 거리감을 좁히기 위해 1차시에 썼던 학생들의〈길〉두 줄 시와 윤동주의〈길〉을 서로 비교하고 질문하는 수업을 기획했다. 서로의 작품을 보며 질문하고 댓글을 쓰는 동안 학생들은 좀 더 자세하게 작품을 들여다보며 그 의미를 이해하고 자신의 생각을 정리하는 시간을 가질 수 있을 것이다.

3. 수업 개요

　가. 수업 목표 : 1. 윤동주의〈길〉에 대해 질문할 수 있다.
　　　　　　　　　2. 윤동주의〈길〉과 친구의〈길〉을 비교하여 댓글을 쓸 수 있다.

　나. 교수·학습 방법 및 지도상의 유의점

　　　– 학생들에게 이 수업의 의도를 설명하며, "윤동주가 시인인 이유는 시를 썼기 때문이지. 시를 쓰는 사람이 곧 시인인 거야. 너희는 시를 썼어. 너희도 윤동주와 같은 시인인 거지"라는 말로 학생들의 자존감을 높여주어 윤동주의 시와 친구의 두 줄 시 및 비주얼씽킹을 비교하는 데 거부감이 없도록 해야 한다.

4. 본시 수업 지도안

　도입

　– '좋은 문학 작품이란 무엇일까?' 의견 나누기
　　학생들의 생각을 묻고 이를 정리한다.

　전개

　– '나도 작가다' 전시회
　　① 1차시에 썼던 자신의 두 줄 시 비주얼씽킹 작품을 꺼낸다.
　　② 그중 모둠에서 가장 공감되는 작품을 선정하여 큰 도화지 가운데에 작품을 붙인다.
　　③ 윤동주의〈길〉과 비교하여 다른 점과 공감이 되는 점을 적어서 포스트잇으로 붙인다.
　　④ 이제는 모둠에서 선정된 작품을 쓴 학생만 남고 나머지 학생들은 돌아다니며 다른 모둠의 작품을 보고 포스트잇 댓글을 쓴다.
　– 느낀 점 묻기와 과제 제시
　　• 오늘 수업을 통해 느낀 점을 묻는다.
　　• '길'을 주제로 여덟 줄 글쓰기를 과제로 제시한다.

5. 수업 활동 결과물

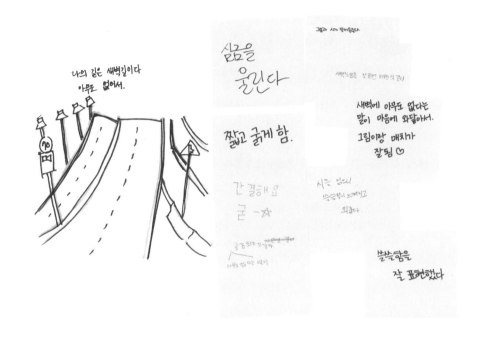

6. 수업 후 성찰	학생들의 작품이 윤동주의 〈길〉보다 더 서로에게 공감되고 다가오는 것을 느낄 수 있는 시간이었다. 서로의 생각을 공유하고 나누는 작업을 통해 시의 감동을 느껴보는 시간이 되었다.

3차시 수업에서 꼭 필요한 물품이 있는데 바로 '포스트잇'이다. 포스트잇의 가장 큰 장점은 붙인 자리를 옮겨 붙여서 다시 그룹핑하거나 구성할 수 있다는 점이다. 주의할 점은 한 장의 포스트잇에는 하나의 내용만 적힐 수 있도록 해야 한다는 점이다. 이유는 다른 사람이 그 내용을 보았을 때 쉽게 이해하기 위해서이기도 하고, 떼어서 구성을 다시 할 때도 하나의 내용만 있어야 어려움이 적기 때문이다.

05 1~3차시 문학 독서 토론
비주얼씽킹 수업 결론

1~3차시의 문학 독서 토론 비주얼씽킹 수업에서 주요 장면을 정리하면 다음과 같다.

1. 문학 작품의 제목 또는 주제와 관련된 '두 줄 시 비주얼씽킹'
2. 문학 작품 이해 활동
3. 문학 작품과 친구의 작품을 비교하며 댓글 쓰기
4. 문학 작품의 주제 및 핵심 키워드로 여덟 줄 글쓰기

이와 같은 활동은 비문학 독서나 다른 과목의 독서 및 읽기에서도 적용할 수 있는 활동이라고 생각된다. 특히 시 쓰기 활동 및 비주얼씽킹은 어느 수업에서나 적용이 가능하고 의미가 있다. 시를 쓰려면 내용을 파악해야 하고 자신의 경험을 떠올리며 생각과 느낌을 정리해야 하기 때문이다. 일반적인 수업에서는 단원의 마무리 단계에서, 체험 학습에서는 체험 학습 후에 관련된 시를 쓰고 배경 그림을 그리게 하는 것이 가능하다.

'내'가 있는 독서 토론 비주얼씽킹
3차시 : 나도 작가다 – 친구의 작품과 윤동주의 작품 비교하기

( )학년 ( )반 ( )번

책을 제대로 볼 줄 아는 나의 이름은 _____

1. 내가 생각하는 좋은 문학 작품이란?

2. '나도 작가다' 전시회

　　① 1차시에 썼던 자신의 두 줄 시 비주얼씽킹 작품을 꺼낸다.

　　② 그중 모둠에서 가장 공감되는 작품을 선정하여 큰 도화지 가운데에 작품을
　　　붙인다.

　　③ 윤동주의 〈길〉과 비교하여 다른 점과 공감이 되는 점을 적어서 포스트잇으
　　　로 붙인다.

　　④ 이제는 모둠에서 선정된 작품을 쓴 학생만 남고 나머지 학생들은 돌아다니며
　　　다른 모둠의 작품을 보고 포스트잇 댓글을 쓴다.

　　● 내가 뽑은 베스트 작품과 베스트 댓글은?

3. 오늘 수업을 통해 느낀 점과 배운 점은?

질문하며 독서하는
짝 비주얼씽킹

1. 제목 : 질문하며 독서하는 짝 비주얼씽킹

2. 수업의 의도

　다시 질문이다. 질문하며 독서하는 것, 책과 대화하는 것의 중요성을 아이들에게 안내하고 이를 실습한다. 또한 책을 읽고 내용을 비주얼씽킹하는 과정을 통해 책의 내용을 이해하고 이를 구조화하여 표현하고 공유한다. 질문하는 습관은 한 번에 만들어지지 않는다. 모든 것은 훈련이다. 질문하는 수업을 계속적으로 함으로써 학생들이 질문하며 읽게끔 돕고, 비주얼씽킹으로 책의 전체적인 내용을 이해하고 재구성하는 수업을 기획하였다.

3. 수업 개요

　가. 수업 목표 : 1. 책을 읽고 질문할 수 있다.
　　　　　　　　　2. 책을 읽고 비주얼씽킹으로 표현할 수 있다.
　나. 교수·학습 방법 및 지도상의 유의점
　　　– 긴 글을 읽는 것을 부담스러워하는 학생들을 위해 글을 읽을 때 글 전체를 다 보아야 한다는 부담을 가지기보다는 문단마다 집중하여 중심 내용을 파악하다 보면 한 편의 글(책의 경우 하나의 챕터)을 읽을 수 있다는 점을 강조하여 설명한다.
　　　– 비주얼씽킹을 할 때는 다양한 방법의 비주얼씽킹을 허용하고, 다른 친구들의 비주얼씽킹을 참고하기 위한 자유로운 이동을 허용한다.

4. 본시 수업 지도안

　도입
　– 질문의 중요성 생각해보기 : 학생들과의 대화를 통해 질문의 중요성에 대해 생각한다.

　전개
　– 질문하며 책 읽기
　　• 책을 읽으며 질문하는 것의 중요성을 알게 한다.
　　• 질문하며 책을 읽는다.

　– 짝 독서 비주얼씽킹 : 옆의 짝과 함께 책의 내용을 비주얼씽킹으로 표현한다.

　정리
　– 느낀 점 묻기와 차시 예고
　　• 오늘 수업을 통해 느낀 점을 묻는다.
　　• 다음 시간에는 책의 내용을 중심으로 피라미드 토론을 할 것을 예고한다.

5. 수업 활동 결과물

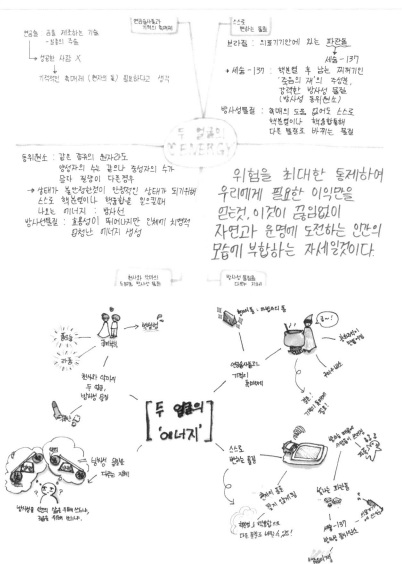

5. 수업 활동 결과물

6. 수업 후 성찰	- 한 차시에 비주얼씽킹 활동과 질문 활동을 동시에 하는 것은 시간이 부족하여 깊이 있는 수업은 어려웠다. 미리 학생들이 지문을 읽고 비주얼씽킹을 해오거나, 미리 질문을 작성해와서 둘 중에 하나의 활동을 집중적으로 했더라면 더 좋은 수업이 되었을 것이라고 생각된다. - 짝 비주얼씽킹의 장점은 협의를 통해 서로 간의 의견을 나눌 수 있고, 모든 것은 내가 책임져야 한다는 부담감에서 벗어난다는 것이다. 또한 모둠 활동으로 비주얼씽킹을 할 경우 무임승차자가 생기기도 하지만, 짝 비주얼씽킹의 경우 참여도가 높다.

질문의 중요성 생각해보기

질문이 왜 중요한지, 학생들과 이야기를 나누는 시간을 먼저 가졌다. '왜 우리는 질문을 하며 살아야 하는가?'에 대해 다음과 같은 메시지를 전달했다.

> 질문을 하지 않는 삶은 다른 사람이 주는 것에 의해 끌려다니기 쉬운 삶이다. 그리고 질문 없는 인생은 자신이 누구인지, 어떻게 살아야 하는지에 대해 알 수 없는 인생이다. 진짜 '나'가 있는 삶을 위해서는 반드시 질문이 있어야 한다. 내 생각이 시작되는 지점은 바로 '질문'이다.

우리나라는 쉽게 질문할 수 있는 사회가 아니다. 거의 모든 행사에서 질문하는 시간은 모든 프로그램이 끝난 뒤에야 시작된다. '이제 끝났다' 하는 시점에 시작되는 질의응답 시간에 질문을 하는 것은 함께 프로그램에 참여한 사람들에게 미안한 일이 된다. 이제 집에 가야 하는데 발목을 잡는 질문에 다들 그 시간을 버텨야 하기에 죄송하고 미안한 마음이 든다. 그런 마음의 부담감을 견딜 수 있는 사람만이 질문을 할 수 있는 것이다.

언젠가 출판에 대한 강의를 들으러 간 적이 있는데 강연을 하는 분이 질문을 하고 싶으면 언제든지 강의 중간중간에 해도 된다고 말씀하시고 시작하셨다. 여기저기에서 질문이 쏟아졌다. 덕분에 정말 필요한 내용들을 배울 수 있었다. 강의가 역동적으로 변했고, 배움이 즐거웠던 시간이었다.

학생이 질문하지 않는 수업은 죽어 있는 수업이다. 마찬가지로 질문하지 않는 독서는 죽어 있는 독서다. 그런데 우리 아이들은 이미 죽어 있는 교육을 받는 경우가 많다. 그냥 교과서에 있으니까, 시험에 나오니까 무조건 외우는 것이다. 질문하지 않고 생각 없이 받아들이고 그냥 외운다. 이에 필자는 질문하며 책을 읽는 것이 반드시 필요하다고 말하며 아이들과 생각을 공유했다.

학생들이 할 수 있는 독서 질문의 종류

1. **사실적 질문** 글에 드러난 정보를 바탕으로 중심 내용, 주제, 글의 구조와 전개 방식 등 사실적인 내용을 파악하여 질문한다.

2. **추론적 질문** 글에 드러나지 않은 정보를 예측하여 필자의 의도나 글의 목적, 숨겨진 주제, 생략된 내용을 추론하여 질문한다.

3. **비판적 질문** 글에 드러난 관점이나 내용, 글에 쓰인 표현 방법, 필자의 숨겨진 의도나 사회·문화적 이념을 비판하며 질문한다. '비판'이라고 하면 흔히 부정적인 면만을 이야기하는 비난을 생각하기 쉽다. 그러나 비판적 사고는 사실적 사고와 추론적 사고를 통해 내용과 형식을 파악한 후 이에 대해 근거를 가지고 판단하는 것이다. 근거가 없다면 비판적인 생각이 아니다. 근거를 가지고 판단한 결과 내용이 옳다거나, 공감이 된다거나 판단하는 것도 비판적인 사고라는 것을 강조하여 알려주어야 한다.

4. **창의적 질문** '창의'는 흔히 새로운 것을 말하지만, 새로운 것을 만들어내는 것은 기존의 것을 가지고 한다는 점을 알려준다. 새로운 것은 기존의 것들을 결합하여 만드는 것인데, 전혀 다른 것들을 결합하는 것이 창의적인 것을 만들어내는 시작이 될 수 있음을 안내한다. 휴대폰에 여러 가지 기능을 넣어서 스마트폰이 처음 만들어진 것처럼 말이다.

5. **자신과 관련된 질문** 결국에는 나와 연관된 내용이 있을 때 내용에 공감이 되고, 작품에 몰입할 수 있다. 자신의 경험이나 생각과 관련된 질문을 통해 학생들이 책을 더 가까이하는 계기가 될 수 있다.

질문하며 독서하기

일단 독해의 기본 원리를 안내했다. 학생들은 긴 글을 마주할 때, 이미 읽기도 전에 읽고 싶지 않다는 마음을 갖는다. 한 권의 책은 글 - 문단 - 문장 - 단어로 구성된다. 여기서 중심 내용이 있는 가장 작은 단위는 문단이다. 그렇기 때문에 문단별로 끊어서 독해할 것을 권장한다. 하나의 문단에는 중심 내용이 하나이다. 즉, 문단에서 중심 내용을 파악하는 것이 기본인 것이다. 문단별로 중요한 내용이 무엇이며, 무엇을 말하고 싶어 하는지 찾아보도록 하는 것은 긴 글이 아닌 문단에 집중하게 해서 부담감을 줄이는 것이 목적이다. 그리고 이러한 과정들이 모여 글을 끝까지 읽을 수 있는 힘이 된다.

"책을 깊이 읽는다는 것은 책과 대화하며 읽는 것입니다. 책에다 직접 질문을 써보세요. 오늘은 세 개의 질문을 해보는 것이 목표입니다. 더 많은 질문을 던져도 좋습니다."

짝 독서 비주얼씽킹

이후 읽은 내용을 비주얼씽킹으로 정리하게 했다. 일단 시작은 비주얼씽킹이 무엇인지 구체적으로 말하지는 않았다. 그저 간단한 글과 그림으로 "너희의 생각을 표현해봐"라고 전하고, 아이들이 묻는 "선생님, 마인드맵으로 해도 돼요?", "선생님, 이거 그려도 돼요?", "선생님, 핸드폰으로 그림 찾아봐도 돼요?" 같은 질문에 "다 괜찮아"라고 말해주고 비주얼씽킹을 시작했다.

1. 질문의 중요성 생각해보기

   질문이 중요한 이유는 _____ 이다.

   왜냐하면 _____ 이기 때문이다.

2. 짝 독서 비주얼씽킹!

   짝꿍과 함께 책을 읽고 내용을 비주얼씽킹으로 표현한다.

07 피라미드 토론 비주얼씽킹

visual thinking

---

1. 제목 : 피라미드 토론 비주얼씽킹

2. 수업의 의도

　　토론의 과정이나 토론 후 자신의 생각을 정리할 때 비주얼씽킹은 매우 유용하다. 다만 일반적인 토론 수업에서는 모든 학생이 하지 않고 거의 대부분은 배심원으로서의 역할을 하게 되는데, 피라미드 토론에서는 모든 학생들이 직접 토론에 참여하게 된다.

　　이번에도 수업을 디자인할 때, 먼저 학생들의 역동적인 참여가 있는 활동에서 자신의 생각을 정리하는 정적인 활동으로 진행되도록 구성하였다.

3. 수업 개요

　　가. 수업 목표 : 피라미드 독서 토론에 참여하여 다른 사람을 설득할 수 있다.

　　나. 교수·학습 방법 및 지도상의 유의점

　　　　- 토론 수업에서 아이들에게 알려줘야 하는 기본적이고 중요한 점을 두 가지 말하자면,

　　　　　　① 논점을 일탈해서는 안 된다. 즉, 하나의 논점을 상대방이 주장하면 그 논점에 대한 자신의 주장을 펼쳐야만 토론이 이루어진다.

　　　　　　② 다른 사람의 의견이 타당하다고 느껴지면, 그것을 인정해야 한다. 자신의 의견만 맞다고 우겨서는 안 된다. 다만 의견을 인정할 때는 약간의 기술이 필요한데, 이렇게 말하는 것이다. "그 부분에 대해서는 일부 인정할 수 있습니다. 그러나~ 이러이러한 부분에서는 이런 문제가 있습니다" 하고 새로운 논점을 제시하면 된다.

4. 본시 수업 지도안

　　도입

　　- 토론의 중요성 및 피라미드 토론 안내

　　　토론이 왜 중요한지, 왜 토론을 하는 것인지 함께 이야기해본다.

　　전개

　　- 피라미드 토론 ① : 질문 피라미드 토론

　　　• 전 시간에 만들었던 질문 중 가장 좋은 질문이 무엇인지 모둠 내 피라미드 토론을 통해 결정한다.

　　　• 모둠 내에서 짝을 정해 1 : 1 짝 토론을 통해 더 좋은 질문을 선정한다.

　　　• 2 : 2 토론을 통해 모둠에서 가장 좋은 질문을 선정한다.

　　- 피라미드 토론 ② : 가치 피라미드 토론

　　　• 비주얼 인성 카드의 뒷면(글씨가 보이는 면)이 보이도록 펼친다.

　　　• '두 얼굴의 에너지'를 다룰 때 필요한 가치가 무엇인지 고르게 한다.

- 모둠 내에서 두 명씩 짝을 짓고 어느 가치가 더 중요하고 필요한지 1 : 1 토론을 한다. 토론의 과정에서 하나의 가치로 합의를 이루어 두 명이 한 팀이 된다.
- 토론이 끝나면 모둠 내에서 두 명씩 두 팀을 이루어 2 : 2로 토론한다. 2 : 2 토론 후에는 하나의 가치로 모둠 내에서 합의를 이룬다.
- 토론이 끝난 모둠은 토론이 끝난 다른 모둠을 만나 모둠 : 모둠 토론을 실시한다.
- 모둠 간의 토론에서 이긴 모둠은 합의된 의견의 카드를 칠판에 붙인다.
- 토론을 마무리하고 칠판에 붙은 카드를 처음 주장했던 사람이 나와서 왜 이 카드를 선택했는지 발표하게 한다.

정리
– 토론 후 느낀 점과 배운 점 나누기
　토론 후 토론 과정에서 나온 의견과 자신이 느낀 점과 배운 점을 나눈다.

5. 수업 활동 결과물

6. 수업 후 성찰	이 수업의 백미는 모둠 간 피라미드 토론이다. 모둠 토론을 위해 한 모둠이 다른 모둠이 있는 곳으로 이동하여 토론을 하게 되는데 이때 가장 역동적인 토론이 일어난다. 다만 모둠끼리 경쟁적으로 토론을 하다 보면 의견 일치를 보기 어려운 상황이 생길 수가 있다. 그럴 경우 교사의 개입으로 서로의 이야기를 경청하고 의견을 정할 수 있도록 진행하면 된다. 판정이 잘 나지 않으면, 다수결의 원칙을 따른다.

토론의 의미와 중요성

피라미드 토론을 원활하게 진행하기 위해 먼저 지난 시간 만든 질문 중 최고의 질문을 모둠에서 뽑게 하는 토론 시간을 가졌다. 나중에 하브루타를 공부하다 보니, 이 과정이 질문을 만들고 짝 토론을 하는 '질문 중심 하브루타'와 같다는 것을 알게 되었다. 하브루타에서는 질문과 대답을 통해 짝 토론 후 이것을 모둠 토론으로 이어간다면, 이 수업에서는 학생들의 질문하는 습관 자체를 중요시 여겨 질문을 찾는 것까지만 수업을 진행하였다.

가위바위보 가치 기차놀이

수업 시간이 부족하다면, '피라미드 토론' 대신 '가위바위보 기차놀이'를 변형한 활동이 가능하다. 이 활동은 실제 수업에서는 활용하지 않았지만 교사 연수를 할 때 활용해봤는데 꽤 유용한 경험이었다. 방법은 다음과 같다.

1. '두 얼굴의 에너지인 방사성 물질을 다루는 데 있어 가장 필요한 가치'는 무엇인지 비주얼씽킹 인성 카드 중에서 고른다.
2. 모든 학생이 짝과 가위바위보를 한다. 진 사람은 이긴 사람에게 카드를 주고 이긴 사람 뒤에서 어깨를 잡는다. 이긴 사람은 짝궁의 카드와 자신의 카드를 보고 더 가치가 있다고 생각한 카드를 앞에 놓는다.
3. 두 명이 된 기차는 다른 두 명과 만나서 가위바위보를 해서 네 명이 된다. 이때 이긴 맨 앞사람에게 또 모든 카드를 준다. 맨 앞의 사람은 다시 카드를 자신이 정한 기준에 따라 가장 가치 있는 카드부터 순서대로 배치하여 한 손에 쥔다.
4. 그렇게 해서 마지막까지 살아남은 기차들의 맨 앞에 있는 사람들은 자신이 가진 카드들 중에서 가장 가치 있다고 생각하는 카드 세 장과 그 카드를 고른 이유를 발표한다.

'내'가 있는 독서 토론 비주얼씽킹
5차시 : 피라미드 토론 비주얼씽킹

( )학년 ( )반 ( )번

책을 제대로 볼 줄 아는 나의 이름은 _____

1. 피라미드 독서 토론이란?

    두 사람이 1 : 1로 상대방과 토론과 토의의 과정을 거쳐 합의를 이룬 후 2 : 2, 4 : 4 이렇게 확대해가면서 합의를 이루어가는 토론이다.

2. 피라미드 토론 ① : 질문 피라미드 토론

    • 전 시간에 만들었던 질문 중 가장 좋은 질문이 무엇인지 모둠 내 피라미드 토론을 통해 결정한다.

    • 모둠 내에서 짝을 정해 1 : 1 짝 토론을 통해 더 좋은 질문을 선정한다.

    • 2 : 2 토론을 통해 모둠에서 가장 좋은 질문을 선정한다.

3. 피라미드 토론 ② : 가치 피라미드 토론

    ※ 오늘의 가치 토론 논제

    두 얼굴의 에너지인 방사성 물질, 즉 원자력 발전을 할 때 우리가 고려해야 할 가장 중요한 가치는?

    • 비주얼 인성 카드의 뒷면(글씨가 보이는 면)이 보이도록 펼친다.

    • '두 얼굴의 에너지'를 다룰 때 필요한 가치가 무엇인지 고른다.

    • 모둠 내에서 두 명씩 짝을 짓고 어느 가치가 더 중요하고 필요한지 1 : 1 토론을 한다.

    • 토론이 끝나면 모둠 내에서 2 : 2로 토론한다.

    • 토론이 끝난 모둠은 토론이 끝난 다른 모둠을 만나 모둠 : 모둠 토론을 실시한다.

    • 모둠 간의 토론에서 이긴 모둠은 칠판에 합의된 의견의 카드를 붙인다.

    • 토론을 마무리하고 칠판에 붙은 카드를 처음 주장했던 사람이 나와서 왜 이 카드를 선택했는지 발표한다.

4. 토론 후 느낀 점과 배운 점을 비주얼씽킹으로 표현한다.

08 두 마음 토론 비주얼씽킹

visual thinking

---

1. 제목 : 두 마음 토론 비주얼씽킹

2. 수업의 의도

두 마음 토론을 통해 학생들이 토론의 참 즐거움을 느끼고 자신의 생각을 정리하는 데 초점을 맞춘 수업이다. 수업 중에 자료를 조사하고 이를 바탕으로 토론한 후 비주얼씽킹까지 진행하였다. 즉, 1시 간 안에 토론의 준비부터 정리까지를 모두 경험할 수 있도록 기획했다.

3. 수업 개요

가. 수업 목표 : 1. 두 마음 토론에 참여하여 다른 사람을 설득할 수 있다.

2. 토론한 내용을 비주얼씽킹으로 정리할 수 있다.

나. 교수·학습 방법 및 지도상의 유의점

– 두 마음 토론을 준비하는 토론 조사 과정에서 마음의 주인(판정관) 역할을 맡은 학생들 중 왜 자 신까지 토론 내용을 조사해야 하는지 묻는 경우가 있다. 마음의 주인은 토론의 진행자로서 토론 내용의 전반적인 사항을 알고 있어야 진행자로서의 올바른 역할을 할 수 있음을 미리 주지시켜 야 한다.

– 토론의 진행 및 판결의 과정에서 두 마음의 역할을 맡은 학생들 중 주인 역할의 학생이 문제가 있다거나 객관적이지 못하다는 의견을 내는 경우가 종종 있는데 큰 문제가 없다면 마음의 주인 의 권한을 인정하는 쪽으로 조언하는 것이 적절하다.

4. 본시 수업 지도안

도입

– 지난 시간 피라미드 토론을 통해 알게 된 점이나 느낀 점을 나눈다.

토론의 즐거움을 중점적으로 이야기해보고 가장 인상 깊었던 지점을 나누어본다.

– 두 마음 토론 안내

① 두 마음 토론은 3인 1모둠이 되어 실시하는 토론으로 각각의 역할이 있다. 1명은 마음의 주인으 로 사회자와 토론의 판정의 역할, 1명은 찬성 측, 1명은 반대 측 역할을 맡는다.

② 찬성과 반대 역할은 서로를 설득하는 것이 아니라 마음의 주인을 바라보고 주인을 설득한다.

③ 주인에게는 최대한 공손한 태도를 취하며, "주인님~"이라고 부르며 토론한다.

④ 찬성과 반대 역할은 주인이 바라볼 때만 말할 수 있으며, 필요할 때에는 마음의 주인의 어깨를 쳐서 자신을 바라보게 할 수 있다.

※ 위 내용 중 ③은 기존의 두 마음 토론 과정에는 없던 내용으로 필자가 추가한 것이다.

전개
– 두 마음 토론
  논제 : 원자력 발전은 지속되어야 하는가?
  ① 토론 준비 : 자료 조사
    스마트폰으로 토론 자료를 준비하도록 한다. 이때 찬성 측은 찬성 측끼리, 반대 측은 반대 측끼
    리, 마음의 주인은 마음의 주인끼리 모여서 조사를 할 수 있도록 한다. 서로의 준비 과정과 내용
    을 보며 자신들의 논리를 점검하고 상의하기 위함이다.
  ② 토론
    토론은 마음의 주인이 권위를 가지고 진행한다.
  ③ 토론 후 정리
    토론 후에는 마음의 주인이 판정을 내리고, 판정의 이유를 정리한다.

정리
– 토론 비주얼씽킹
  토론에서 나온 의견을 모둠별로 비주얼씽킹으로 정리한다. 시간이 부족한 경우 비주얼씽킹을 과제
  로 부여할 수도 있다.

5. 수업 활동 결과물

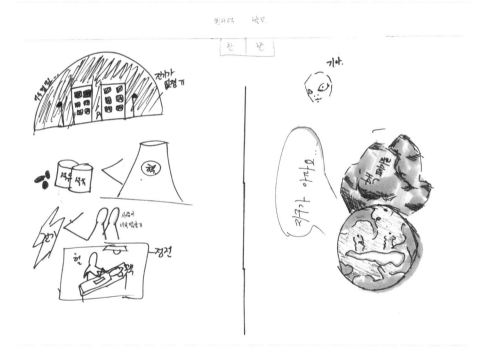

< 원자력 발전은 지속되어야 하는가? >

6. 수업 후 성찰	- 사실 토론에서 어려운 점 중 하나가 판정인데, 이를 마음의 주인이 권위를 가지고 실행함으로써 시간도 절약되는 장점이 있고, 더 많은 이야기들이 오고 갈 수 있다는 점이 좋았다. - 또한 두 마음이 되어 싸운다는 설정 때문에 더 몰입할 수 있는 장면들이 보였다. 특히 마음의 주인들은 권한을 가진 만큼 책임감 있게 결정하려는 태도를 보였다.

두 마음 토론

두 마음 토론은 3인 1모둠이 되어 진행하는데 마음의 주인 1명, 찬성 1명, 반대 1명으로 구성된다. 이 토론은 '자신의 마음속에 천사 같은 마음, 악마 같은 마음이 밖으로 나와서 토론한다'는 가정하에 진행하는 토론이다. 그래서 '천사와 악마 토론'으로 불리기도 한다.

이 토론의 장점은 토론에서 가장 중요하고도 어려운 판정의 과정과 권한을 마음의 주인이 가지고 있다는 점이다. 토론의 진행과 판정에 대해 한 명이 권한을 가지게 되니 빠르게 진행할 수 있고, 판정도 쉽다. 또한 1시간 안에 교실

내 모든 학생이 토론에 참여할 수 있다는 큰 장점이 있다. 일반적인 토론 수업에서는 토론에 직접 참여하지 않는 배심원 학생들은 특별한 장치나 배려가 없으면 시간이 갈수록 수업에 집중하지 못하는 경향들이 생기는데, 이 토론은 모든 참여자가 찬반으로 토론하고 결과도 들을 수 있다.

이 토론에서는 일단 마음의 주인과 찬성과 반대의 역할을 정한다. 학급의 인원 중 한두 명 남는 학생들이 있다면 4인 1모둠을 구성하게 하고 남은 한 명의 학생에게 토론의 기록을 맡긴다.

토론의 주제는 '원자력 발전은 지속되어야 하는가?'로 정하고 수업을 진행하였다. 토론의 주제를 정할 때에는 해당 단원과 연관된 내용으로 정하되, 인터넷 검색을 통해 다른 수업이나 활동에서도 자주 쓰이는 논제로 정했다. 특히 신경 쓴 부분은 찬성과 반대가 크게 불리하거나 유리하지 않은 균형 잡힌 논제를 정하는 것이었다. 어느 한쪽의 의견이 유리한 경우 반대편의 의견을 주장하는 학생이 불만을 가지고 토론 시작부터 집중하지 못하거나, 결과에 대해 승복하지 못하는 상황들이 생기기 때문이다. 같은 맥락의 논제라도 조금의 내용과 표현이 달라져도 문제가 생기기 때문에 다른 곳에서도 자주 쓰이는 논제를 검색하여 수업을 진행하였다.

학생들의 여덟 줄 글쓰기

여덟 줄에 맞춰서 글을 쓴 학생들도 많았지만, 토론에 적극적으로 참여하고 이에 대해 탐구하여 자신만의 글을 쓴 학생들도 있었다.

원자력 발전 대신 재생에너지

조하경

우리나라는 원자력 발전으로 많은 전기를 생산해내고 있다. 다른 에너지들에 비해 적은 돈으로 많은 양의 에너지를 얻을 수 있다는 장점으로 자원이 적은 우리

나라에 적합한 에너지 생산 방법이다. 또한 다른 에너지 발전에 비해서 이산화탄소 배출량이 적다. 하지만 이 원자력 발전이 계속해서 우리나라에서 사용할 수 있는 방법일지는 깊게 생각해봐야 한다.

원자력 발전은 원자핵을 분열시켜서 생성되는 에너지로 전기를 만드는 것인데 이 원자핵을 분열시키는 과정에서 또한 석유가 필요하다. 석유를 이용한 에너지를 사용하여 핵을 분열시키는 것이다. 하지만 석유는 우리가 수입하고 있는 자원이다. 우리는 원자력 발전이 다른 에너지에 비해 싸게 전기를 얻을 수 있다고 주장하지만 외국에 의존하고 있다는 점에서 석유 값의 증가나 감소에 따라서 경제적 손실이 있을 수밖에 없다. 그리고 석유의 매장량은 한정되어서 값이 점점 오르게 될 텐데 값이 싸다는 이유로 원자력 발전을 지속하겠다는 것은 현재만 바라본 입장에서만 맞는 말이 된다.

두 번째로 원자력 발전은 환경 오염을 발생시킨다. 지구 온난화로 지구는 점점 더워지고 있다. 그래서 우리는 지구를 다시 되돌리기 위해 무언가를 실천해야 할 시점에 있다. 그런데 원자력 발전을 지속적으로 이용한다면 우리나라는 이산화탄소의 꾸준한 배출로 지구 온난화에 기여하게 될 것이다. 하지만 더 시급한 문제는 원자력 발전으로 생기는 방사선 폐기물 처리이다. 방사선 폐기물은 현재 처리할 방법이 없어서 저장해두고 있다. 지금으로부터 5~10년 후면 포화 상태로 저장할 공간이 부족하다고 한다. 과연 이 폐기물들이 계속 쌓이도록 지켜만 봐야 할까?

앞으로 있을 석유 고갈과 현재 지구 온난화로 선진국들은 지금 신재생에너지를 주목하고 있다. 현재 선진국들은 원자력 또는 화력 발전을 줄이고 신재생에너지를 사용하고 있다. 석유가 고갈된 후 이제는 에너지를 잘 생산하는 나라가 선진국이 될 것이라고 한다. 아직은 비용이 어마어마하게 많이 들고 현재 우리나라 기술로서는 선진국에 비해 효율적인 에너지를 생산하지 못한다. 하지만 신재생에너지야말로 자원이 부족한 우리나라가 다른 나라에 의존하지 않고 독립적으로 생산할 수 있게 한다. 지속가능한 발전을 위한다면 우리나라도 원자력 발전소를 늘리기보다 신재생에너지에 투자해야 한다.

방사선에 대하여

임소원

최근에 〈판도라〉라는 영화가 나오는 등 사람들은 방사선에 관해서 많은 관심을 두고 있다. '방사선'이란 고속으로 운동하는 입자의 흐름과 파장이 짧은 전자파이다. 방사선에는 α선, β선, γ선, 양자, 중양자와 무거운 원자핵의 선속이 포함된다. 방사선에는 여러 가지 장점과 단점이 있는데 먼저 장점에 대해서 알아보겠다. 우리가 뼈가 아프거나 몸의 안쪽이 아파서 병원을 갔을 때 인체 사진을 찍어 내부를 확인한 다음 의사들은 우리를 알맞게 치료해준다. 그리고 의학적으로는 암세포를 선택적으로 파괴할 수가 있다. 방사선은 비파괴 검사라는 것에도 쓰이는데 이것은 γ선의 투과력을 이용하여 금속 재료의 내부를 검사할 수 있다.

다음으로 방사선의 단점에 대해서 알아보자면 발전 후 남은 핵폐기물의 처리가 어렵다는 것이다. 암세포를 방사선을 이용해 치료한다고 해도 머리카락 등이 빠지고 구토 증세가 심하게 일어나는데, 항암 치료가 그 예이다. 방사선을 쐬게 되면 피폭 증상이 나타나는데 이것은 방사선의 양에 따라 다르다. 다행히도 방사선 양이 적다면 증상은 없고, 증상이 나타날 정도의 방사선 양이라면, 제일 처음 현기증이나 구토 정도의 증상이 발생하게 된다. 그 이후로 수포 및 홍반, 피부 궤사, 장기 파괴 등의 증상으로 번질 것이다. 이 증세들은 방사선의 양에 따라 다를 수가 있다.

앞에서 방사선의 장점과 단점에 대해서 이야기해보았는데, 나는 개인적으로 방사선을 사용하는 데에 있어 반대하는 편이다. 아무리 방사선이 좋은 점이 많아서 이득 볼 게 많다고 해도 내 기준으로 봤을 때는 그런 이익보다는 개개인의 목숨이 더 중요하다고 생각한다. 방사선이 한 번 터지게 되면 걷잡을 수가 없이 공기를 타고 여러 곳으로 확산되게 되고, 그곳에 있는 사람들이 위험에 빠지게 된다. 그래서 나는 방사선이 무섭다. 나는 이러한 이유들 때문에 방사선 물질을 반대한다.

4~6차시 비문학 독서 토론
비주얼씽킹 수업 결론

4~6차시는 문학이 아닌 글을 읽고 토론을 비주얼씽킹으로 표현하고 이를 다시 자신만의 글로 표현하는 과정을 적용해보았다. 일단 학생들에게는 글을 미리 읽게 했는데, 우리가 함께 읽은 글은 교과서(국어 I, 신사고)에 있는 〈두 얼굴의 에너지〉라는 제목의 과학 관련 글이었다.

글을 읽고 찬성과 반대로 나누어 서로를 설득하는 디베이트 토론 수업을 하고 싶다면 신문을 활용하는 NIE 수업도 추천한다. 관련 자료를 볼 수 있는 사이트는 다음과 같다.

1. 다독다독 : www.dadoc.or.kr/
2. 생글생글 : sgsg.hankyung.com/
3. ForME : forme.or.kr/

   * 특히 ForME에서는 NIE 수업 지도안 자료를 제공한다.

독서를 한다는 것은 책을 통해 작가와 대화하는 것이며, 독서 토론은 책을 매개로 다른 사람들과 대화를 하는 것이다. 이 과정에서 비주얼씽킹은 매우 유용하게 활용된다. 생각을 정리하여 다른 사람들이 인식하기 쉽게 표현하는 데 비주얼씽킹만 한 활동이 없기 때문이다. 또한 개인별 비주얼씽킹, 짝 비주얼씽킹, 모둠 비주얼씽킹 등 다양하게 비주얼씽킹을 활용함으로써 때로는 개인의 깊은 생각을, 때로는 협력하는 즐거움과 보다 높은 수준의 활동을 추구할 수가 있다. 토론 이후에는 글로 자신의 생각을 표현하게 함으로써 학생들이 생각을 표현하고 정리하는 데 큰 도움을 줄 수 있다.

'내'가 있는 독서 토론 비주얼씽킹
6차시 : 두 마음 토론 비주얼씽킹

1. 두 마음 토론이란?

두 마음 토론은 3인 1모둠이 되어 진행하는데 마음의 주인 1명, 찬성 1명, 반대 1명으로 구성된다. 이 토론은 '자신의 마음속에 천사 같은 마음, 악마 같은 마음이 밖으로 나와서 토론한다'는 가정하에 진행하는 토론이다. 그래서 '천사와 악마 토론'으로 불리기도 한다.

① 두 마음 토론은 3인 1모둠이 되어 실시하는 토론으로 각각의 역할이 있다. 1명은 마음의 주인으로 사회자와 토론의 판정의 역할, 1명은 찬성 측, 1명은 반대 측 역할을 맡는다.
② 찬성과 반대 역할은 서로를 설득하는 것이 아니라 마음의 주인을 바라보고 주인을 설득한다.
③ 주인에게는 최대한 공손한 태도를 취하며, "주인님~"이라고 부르며 토론한다.
④ 찬성과 반대 역할은 주인이 바라볼 때만 말할 수 있으며, 필요할 때에는 마음의 주인의 어깨를 쳐서 자신을 바라보게 할 수 있다.

2. 두 마음 토론 비주얼씽킹!

'내'가 있는 독서를 위한 학습지

( )학년 ( )반 ( )번

책을 제대로 볼 줄 아는 나의 이름은 _____

▲ 책 제목	
▲ 지은이 / 출판사	

1. 이 책을 다른 사람에게 간단히 소개한다면~.

2. 인상 깊은 글귀 셋!

   • 감동적이거나 인상 깊었던 글귀를 그대로 적어보세요.

1	
2	
3	

3. 나의 생각이 책이다.

1. 이 책의 주제(메시지)는 무엇이라고 생각하나요? 그렇게 생각한 이유는?	
2. 책을 통해 배운 점이 있다면?	
3. 책에서 재미있다 (또는 흥미롭다)고 느낀 점은?	
4. 책에서 잘 이해가 안 된 부분이 있다면?	
5. 책을 보고 궁금한 점이 생겼다면?	

4. 토론이나 이야기 주제 찾기

● 이 책을 보고 어떤 생각을 했나요? 혹시 책과 관련해서 어떤 주제로 토론이나 이야기를 할 수 있을까요? 여러 개 써도 좋아요~.

토론(이야기) 주제

〈삶에 접속하기〉

5. 나의 삶도 한 권의 책, 한 편의 영화!

  • 책을 보고 얻게 된 것(배운 점, 느낀 점 등)은 내 삶의 어떤 부분에, 어떻게 적용
    할 수 있을까요?

  • 아니면 책를 보고 떠오른 나의 삶의 장면이 있다면요?

    – 구체적으로 이야기할수록 좋아요. (언제, 어디서, 무엇을, 어떻게, 왜)

6. 이 책의 평점, 이 책을 한마디로 표현한다면?

평점	☆☆☆☆☆
이 책은 한마디로~	

7. 지금까지 쓴 내용을 토대로 책과 관련하여 생각한 것을 자유롭게 적어보세요.

  • 1~5번까지 쓴 내용 + 자신의 이야기, 작가 이야기, 다른 책이나 영화·드라마 이
    야기, 친구 이야기 등등 어떤 것이든 좋습니다.

  • 필요하다면 그림을 그려도 좋아요~.

  • 낙서하듯 편하게 적어보세요. ^—^

<부 록>

비주얼씽킹 카드&활용

비주얼씽킹 전 마음 열기 1
그림으로 말해요

↩ visual thinking

---

1. 제목 : 그림으로 말해요

2. 수업의 의도
　　친구들의 마음을 서로 알아가고 공감을 통해 소통을 배우는 것이 목적이다.

3. 수업 개요
　– Ground rule 정하기 (평가하지 않기, 추임새 넣어주기 : '아하, 그렇구나', 공감해주기)
　– 일주일 동안 있었던 기쁜 일이나 힘들었던 일, 일상의 일 표현해보기
　– 지금 나의 마음 상태 표현하기 (포스트잇에 그려보기)
　　※ 질문 예시
　　　• 지금 나의 마음 상태를 그림으로 표현해보기
　　　• 자신의 현재 감정을 사물로 표현해보기(하늘, 불, 물, 나무 같은 사물 등)
　　　• 자신의 현재 감정을 동물로 표현해보기
　– 포스트잇 상단에 바이오리듬 표현해보기
　　　• 1~10까지 숫자로 표현 (1 : 최하, 10 : 최상)
　　　• 날씨를 그림으로 표현해보기 (흐림, 안개, 비, 눈, 폭풍, 화창한 날씨 등)
　– 모둠별로 그림을 보여주고 자신이 그린 그림을 설명하기
　– 스티커를 활용하여 친구의 그림에 공감하기
　– 활동을 통해 느낀 점 서로 나누기
　– 공동 게시판에 부착하고 응원 메시지 달아주기 활동으로 마무리

4. 수업 활동 결과물

5. 수업 활동 및 유의점
   - 그림으로 표현하는 것을 어려워하는 학생에게는 글로 작성해도 좋다고 안내해준다.
   - 자신이 이야기할 수 있는 것만 표현 할 수 있도록 도와준다. 친밀함이 형성되지 않은 상태에서 자신의 이야기를 하는 것을 부담스러워할 수도 있다. "자신이 표현할 수 있는 정도에서만 해도 좋습니다. 일상에서 일어난 사소한 일을 이야기해도 좋아요" 라는 식으로 말해준다.

비주얼씽킹 전 마음 열기 2
I like, You like

---

1. 제목 : I like, You like

2. 수업의 의도

    학급 친구들끼리 서로가 좋아하는 것을 파악하고 공감을 통해 친구들 사이의 친밀감을 형성하도록 도우며, 학급 학생들 스스로가 가장 하고 싶은 것을 파악하도록 한다.

3. 활동 방법

   – A4 용지에 포스트잇 6장을 부착한다.

   – 자신이 좋아하는 것을 그림으로 표현하도록 한다.

      • 예를 들면 평소에 좋아하는 음식이나 취미 활동 등등

   – 모둠별로 자신이 좋아하는 것 발표하기

   – 서로서로 친구들을 찾아가서 만나고 "I like, You like"를 외치고 상대방 친구가 그린 그림 중에 좋아하는 것에 별 모양으로 표시하거나 스티커를 부착한다.

      • 모둠별 활동이 끝나면 다른 모둠원과 만나서 진행해도 좋다. 교실의 상황과 환경에 따라 변화를 주어도 좋다.

   – 투표가 끝난 후에 각 모둠별로 가장 많이 선택된 '자신이 좋아하는 것' 한 가지를 기록한다.

   – 교실 뒤 게시판에 학생들이 '가장 하고 싶은 것'이 작성된 포스트잇을 부착한 후 지속적으로 학생들의 의견을 표현할 수 있도록 하고, 교실에서 학생들 스스로가 실행할 수 있는 것은 학급 회의에서 실행 방안을 함께 논의하도록 한다.

4. 수업 활동 결과물

5. 수업 활동 및 유의점
- 각자 마음에 드는 포스트잇에 공감 표시하는 활동 시 자칫 혼잡해질 수 있다. 혼잡을 피하기 위해 모둠별로 돌아가면서 하는 방법 등 다양한 방법을 동원하여 상황에 맞도록 지시해주어야 한다.
- 그림을 그리기 어려워한다면 키워드와 함께 그리도록 안내를 해준다.
- 다른 질문의 예시 활동
  • 내 인생에서 가장 기억에 남는 행복한 일
  • 교실에서 가장 해보고 싶은 일

1. 제목 : 내 마음의 날씨 일기예보

2. 수업의 의도
   자신의 마음 상태를 표현함으로써 서로에 대해 공감과 소통이 일어나도록 한다.

3. 활동 방법
   – 포스트잇에 자신의 마음의 날씨를 그려보도록 한다.
   – 첫 번째 질문 예시
     • 오늘 내 마음의 날씨를 그림으로 표현하고 주변 환경도 같이 표현해도 좋아요.
     • 지금까지 살아온 내 인생의 날씨에 대해 표현해볼까요?
   – 지금 내 마음이 어떤 날씨인지 모둠별로 이야기 나누기
   – 두 번째 질문 예시
     • 내일, 다음 주, 다음 달, 내년, 10년 후 내 마음의 날씨에 대해 일기예보 그려보기
   – 미래에 대해 서로 이야기 나누기
   – 오늘 활동에 대한 느낀 점 나누기

4. 수업 활동 결과물

5. 수업 활동 및 유의점
- 그림을 그리기 싫어하거나 어려워하는 학생에게는 시간이 필요하다. 부분 그림을 그리거나 키워드로 작성하더라도 칭찬해준다.
- 날씨를 표현할 때 주변 환경이나 사람을 표현해도 좋다고 안내해준다.

1. 제목 : 비주얼씽킹 카드 활용의 실제 점프 단계
    "수업 디자인 설계, 비주얼씽킹 카드와 함께라면 두렵지 않아!"

2. 서론

영국 스무디 브랜드 'Innocent'의 마케팅으로 유명한 일화가 있다. 사람들에게 시식회를 한 후 마시고 난 뒤 빈 병을 "직장을 그만두고 스무디 장사를 해도 되겠습니까?(Should we give up our jobs to make these smoothies?)"라고 적힌 현수막 아래에 'Yes'와 'No'가 적힌 쓰레기통에 버리게 한다는 발상이다. 시각적으로 와 닿을 뿐 아니라 피드백을 받을 수 있는 더할 나위 없는 기회이다. 그리고 Innocent의 병 아래에는 '그만 좀 쳐다봐!(Stop looking at my bottom!)'라는 문구도 있는데, 이리저리 흔들며 마시게 되어 있는 안내 문구부터 귀여운 발상이라 아니할 수 없다.

이런 발상을 수업 디자인에도 접목시켜본다면 어떨까? 수업의 흐름과 과정을 시각화해보고, 성취 기준에 알맞은 과제도 도식화하는 것이다. 학생들이 수업을 어떻게 참여했으면 좋을지, 예상되는 반응과 결과물을 학기 초나 수업 준비 단계에서 그려보면 좋을 것 같다. 예상했던 반응이 나타나지 않을 경우, 어떤 활동을 추가로 넣고, 빼야 할지를 고민해볼 필요가 있다.

3. 활동 1〉 수업의 흐름 및 과정 시각화해보기

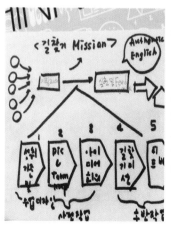

길 찾기 미션을 우리 아이들과 진행해본 적이 있다. 사전 작업으로 학생들과 함께 'Where is~? Where are~?' 구문을 활용하여 학생들이 자신이 숨긴 아이템을 친구들에게 전치사 어구와 안내하는 문장을 통해 설명하고, 자연스럽게 영어 회화 단계로 이어지는 3차시였다. 아이디어 회의를 하고, 어떻게 하면 가장 안전하게 영어 목표 문법을 발화하게 되면서 학생들을 수업의 바다로 흠뻑 빠져들 수 있게 할 것인가를 고민했던 과정을 그림으로 미리 그려보았다. 학생들을 영어 회화 활동이나 미션에 참여하게 하는 이유는, 크게 보자면 가장 자연스러운 맥락에서 필요에 의해 쓰이는 영어 공부를 위한 것이었다.

4. 활동 2〉 평소에 일과나 해야 할 일들을 시각화하기

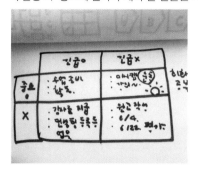

이렇게 평소의 수업 내용이나 해야 할 일들을 하나의 표로 정리하다 보면, 누락된 것이나 자칫 생각하지 못했던 것에 대해서 고민해볼 수 있다. 단어를 생략하고, 시각 언어로 나타내도 좋고, 관계성을 알아볼 수 있게 도식화시켜도 좋다. 긴급도 여부에 따라, 혹은 중요도 여부에 따라 단계를 구분하고, 어떤 카테고리에 넣을 수 있을지를 생각해보는 과정에서부터 우리의 뇌는 생각하기 시작한다. 그리고 하기 싫은 업무나 과제에서도 보다 한눈에 들어오게 되어 일을 하고 싶게 만들어줄 마법의 아이템이 되어줄지도 모른다.

좌뇌는 언어뇌, 디지털뇌, 의식뇌 등으로 불리며 한 번에 소량의 데이터를 처리한다. 우뇌는 영상뇌, 아날로그뇌, 무의식뇌 등으로 불리며 대량의 데이터를 병렬로 처리한다. 따라서 의미없는 데이터의 나열이라도 관련지어 영상화하면 장기기억의 데이터베이스에 축적되어 시간이 지난 후라도 정보를 추출할 수 있다.

5. 활동 3〉 개별 수업 간단하게 디자인하기

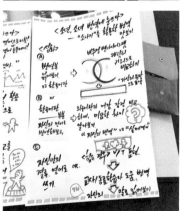

수업 아이디어를 구상할 때 하는 일련의 과정들을 돌이켜보자. 성취 수준, 성취 기준을 끌어안고 있으면, 정형화된 수업 구상밖에는 떠오르지 않는다. 교과서의 이미지, 배경 그림, 관련 내용을 생각해보자. 교과서의 삽화 또한 시각화 경향성을 띤 학생들의 수업을 도와주고자 선별하여 들어가 있으므로 아이디어를 얻어 수업을 설계하되, 가급적 동료 교사의 피드백을 받아보자. 교사의 성향에 따라 교사의 수업은 홀로 떨어진 섬처럼 독립되었으나, 외로운 수업일 수도, 혹은 친한 동료 교사의 격려가 깃든 지지와 알찬 피드백으로 훨씬 성숙할 수 있는 수업이 될 수도 있을 것이다.

아이디어가 없다면 지금 당장 비주얼씽킹 수업 설계 과정을 들어보도록 하자. 그리고 수업 디자인을 한 뒤, 설계에서 그칠 것이 아니라 실제로 적용하고 실패하거나 성공한 과정을 수업 나눔 모임에서부터 나누어보는 것을 권장한다.

일례로 영어 교사 협업 스쿨 아이린스쿨(대구), 교사성장학교 구름학교(경남), 바람의 학교(대구), 교사성장공동체 나무학교(충남)에서는 교사들의 수업을 나누고, 이에 대해 개개별 피드백을 주고받는 과정을 진행 중에 있다. 이들 교사들의 수준은 진일보되어 있으며, 수업 디자인 캠프 또한 열정적이고 활발한 나눔이 3년 이상 지속되고 있다. 앞으로도 자발적인 교사 공동체, 수업 나눔의 형태가 지속된다면, 교사들과 학생들이 상생하며 성장하는 삶과 연결된 수업을 생각해볼 수 있지 않을까?

6. 활동 4〉 수업 설계 과정에서 처음 시작하는 막막함을 경험하셨다면?

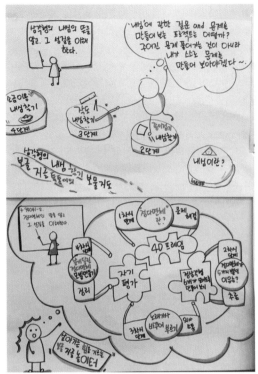

비주얼씽킹 스토리 카드와 인성 카드에는 다양한 아이디어들이 숨어 있다. 학생들의 데이터베이스를 활용, 교사의 창의력 및 상상력과 함께한 카드 디자인을 펼쳐놓고, 각 교과에서 비중을 두고 가르치는 성장 가능성에 역점을 두어 선별해보자. 혹은 교과의 특징에 맞는 문제 해결 역량, 정보처리 역량, 비판적 사고 등등의 아이디어들을 카드에서 찾아보고, 그대로 카드를 따라 그려보는 것도 하나의 방법이다.

실제로 2017년 비주얼씽킹 수업 설계 과정 연수, 그리고 구름학교 심화캠프의 7시간에 걸친 수업 디자인 세션에서 어떤 연수생 선생님의 고민을 들을 수 있었다. "그림을 잘 그리지 못해서 수업 디자인 표현을 잘 못하겠어요"라고 말씀하시던 그 선생님은 비주얼씽킹 스토리 카드와 인성 카드 속에서 하나하나 수업 디자인과 관련된 이미지를 보석을 캐듯 찾아가고 계셨다.

그리하여 탄생된 결과물이 바로 위의 작품이다. 선생님은 정확하게 성취 기준과 수업 목표, 그리고 차시별, 단계별로 어떤 수업을 진행하실지 머릿속에 하나하나 새겨두었던 것이다. 이것이야말로 이미지의 힘, 비주얼씽킹의 힘! 바로 수업 디자인을 하고 싶게 만들어지는 하나의 매력적인 방법이다. 간결하고 화려하지 않은 그림체, 못생기고 삐뚤삐뚤한 선으로도 따라할 수 있는 것이 비주얼씽킹 그림 카드이다.

7. 수업 활동 결과물

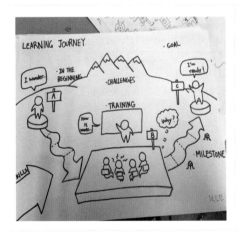

학생들에게 TED의 〈Learning Journey〉를 그대로 보여주고, 한번 따라 그려보게 하였다. 그림에서 볼 수 있듯 배움의 여정은 처음에 내가 궁금해하는 지점에서부터 시작하고, 기술적인 훈련을 거쳐, '왜?'라고 의문을 가지는 시점에서부터 차근차근 배움의 단계를 밟아 올라가게 될 것이며, 준비되었을 시점에서 학생들이 성취하거나 성장했을 가능성을 염두에 두고, 수업을 실시할 수 있다. 비록 산과 같은 역경과 힘든 도전 과제들, 혹은 실패 사례들이 단계마다 있을 것이지만, 초심을 잃지 말고 학생들이 계속 함께할 수 있게 안내를 해주는 활동도 학기 초에 필요할 것이다.

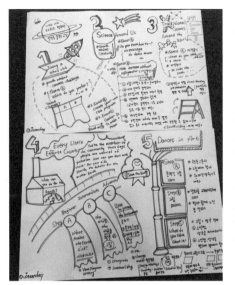

이것 역시 필자가 참여했던 2017년 구름학교 심화 캠프의 수업 디자인 세션에서 아이린 쌤이 그린 수업 과정안이다. 왼쪽에는 '너와 나의 소소하고 행복한 성장을 꿈꾸는 교실'이라는 타이틀이 적혀 있다. 아이들과 함께 꿈꿀 수 있는 교실을 상상하며, 첫 단원에 로켓을 발사해보는 이미지를 담았다. 물론 각 단원에서 다음 단원과 연결되는 부분은 화살표와 점선을 담아 연결성을 두었고, 단원에 해당하는 활동지나, 도표도 시각화시켜보았다. 작년에 수업을 해서 이미 활동 경험이 축적되어 있다면 다음 수업을 구조화하기에 훨씬 편할 수 있을 것이다. 그리고 각 수업의 단계별로 기본, 도전, 심화 단계를 두어 학생들의 수준에서 도전할 만한 분야를 만들어보았다. 새로운 수업의 아이디어가 떠올랐다면, 단계를 세부적으로 써보는 것도 좋은 구성이라고 생각한다.

8. 참고 자료

일화 참고 자료 : 강래경, 《대한민국에서 강사로 산다는 것》, 페이퍼로드, 2016
좌, 우뇌의 기능 설명자료 : 나가타 도요시, 《도해사고력 그림으로 그리는 생각 정리 기술》, 정지영 옮김, 스펙트럼북스, 2010
〈Learning Journey〉 그림 아이디어 출처 : www.ted.com/talks/richard_st_john_success_is_a_continuous_journey
수업 디자인 설계 출처 : 2017 교사성장학교 구름학교 심화캠프 연수생(손명희 선생님), 최시강

9. 결론

수업은 살아 숨쉬는 유기체이다. 수업을 기계처럼 찍어낼 수 있다면, 교사의 상상력이나 아이디어는 모두 박제되어 똑같은 수업이 되지 않을까? 아이들은 모두 다른 모습을 갖고 있고 에너지를 가지고 있으며, 무기력한 학생에게는 그에 적합한 수업이, 아이디어가 뛰어난 학생에게는 해방구를 찾아줄 수 있는 수업이, 늘 텍스트에 짓눌려 피곤해하는 학생에게는 시각적으로 정리된 수업이 필요하다는 생각을 하게 되었다. 비주얼씽킹 활동처럼 기존의 정형화된 수업의 틀을 벗어나 학생들과 함께 사고하고 성장할 수 있는 수업이 되려면, 역시 교사들의 소통과 협업이 기반에 있어야 할 것이다. 또한 학생들에게 수업 피드백을 들을 수 있다면 그것은 훨씬 더 풍성한 나만의 자산이 되어줄 것이다.

1. 제목 : 비주얼씽킹 카드 활용 수업 사례 – 초등편

2. 비주얼씽킹 카드 안내
이 카드는 다양한 동물, 직업인, 음식, 운동, 사물 등으로 이루어진 스토리 카드 64장과 핵심 인성 덕목을 중심으로 이루어진 인성 카드 64장, 이렇게 총 128장으로 구성되어 있으며 교과 및 인성교육, 진로교육 등 초등학교 수업 전반에 걸쳐 다양한 수업 활동에 적용할 수 있다

3. 활용 사례
  1) [1단계] 2장의 카드로 문장 만들기
      저학년 학생을 대상으로 하는 수업이라면 처음부터 카드 활용에 욕심을 내서는 안 된다. 스토리 카드와 인성 카드의 이미지에 대하여 충분히 설명을 하고 다양한 예시를 통해 어떤 이야기를 낼 수 있는지 연습할 수 있는 시간이 필요하다. 그런 의미에서 2장의 카드로 하나의 문장을 만들어내는 과정은 이미지의 텍스트화를 통한 사고력 촉진에 효과적이다. 어제 있었던 일도 좋고, 지난주나 방학 동안 있었던 일 등을 생각하며 스토리 카드와 인성 카드를 각각 1장씩 사용하여 문장 완성하기 등 다양한 문장 만들기 활동에 활용할 수 있다.

〈방법〉

① 어제 또는 지난주 있었던 일을 떠올린다.

② 스토리 카드에서 1장, 인성 카드에서 1장을 뽑아 그 일과 관련한 문장을 만든다.

③ (순서를 반대로) 이 과정이 익숙해지면 교사 또는 모둠장이 임의로 카드 2장을 먼저 제시하고 강제 연상으로 문장을 완성해본다.

2) [2단계] 인성 카드 2장으로 나만의 명언 만들기

〈방법〉

① 인성 카드를 늘어놓고 2장을 뽑는다.

② □칸에 2장의 인성 카드를 올려놓고 자신이 생각한 좋은 글귀를 적어본다.

③ ②번을 반복하여 카드를 바꿔가며 여러 문장을 만들어본다.

3) [3단계] 스토리 카드와 인성 카드로 인성 동화 만들기

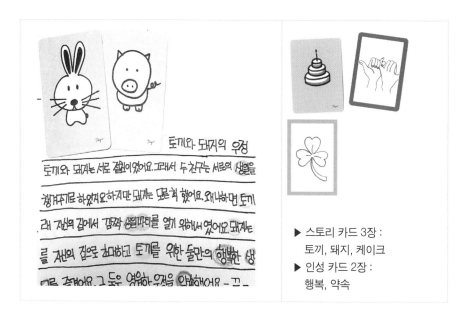

▶ 스토리 카드 3장 :
   토끼, 돼지, 케이크
▶ 인성 카드 2장 :
   행복, 약속

〈방법〉
① 스토리 카드와 인성 카드를 늘어놓고 4~6장 정도를 뽑는다.
② 카드를 보고 동화의 주인공을 정하고 이야기를 만들어간다.
③ 모둠별로 물레방아 발표로 돌아가며 각자의 이야기를 읽어보고 공감해준다.

4) [4단계] 스토리 카드와 인성 카드로 자신의 미래 디자인하기

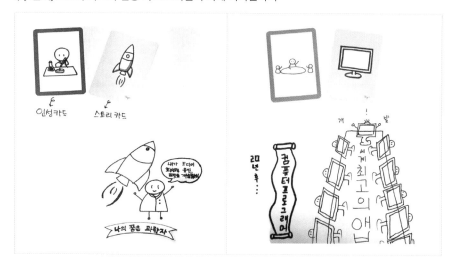

〈방법〉
① 스토리 카드와 인성 카드 중에서 자신의 진로와 관련한 카드를 1장씩 뽑는다.
② 카드를 결합하여 자신의 미래의 모습을 디자인한다.

5) 모둠이 함께 하는 인성 카드 게임

- 인성 카드 이름 맞히기 게임
  〈방법〉
  ① 인성 카드를 가운데에 동그랗게 늘어
     놓는다.
  ② 돌아가며 카드 중 하나를 골라 다른 친
     구들에게 무슨 내용인지 질문한다.
  ③ 그림을 보고 내용을 맞힌 사람이 카드
     를 갖는다.
  ④ 활동이 끝난 후 가장 카드를 많이 가진
     사람이 1등이 된다.

- 이번 주 인성왕 뽑기 게임
  〈방법〉
  ① 인성 카드를 가운데에 동그랗게 늘어
     놓는다.
  ② 돌아가며 카드 중 하나를 골라 모둠원
     중 가장 성격이 좋은 친구를 골라 칭찬
     한다.
  ③ 늘어놓은 카드 중 적당한 것이 없으면
     가운데 카드 더미에서 1장을 뺄 수 있다.
  ④ 칭찬받은 친구는 그 카드를 가질 수 있
     으며 활동이 끝난 후 카드가 가장 많은
     친구가 인성왕이 된다.

비주얼스토리 만들기

1. 비주얼씽킹 카드 2~3장 선택하기
2. 스토리 만들기
3. 비주얼로 표현하기
4. 옆 사람에게 넘기기
5. 스토리 읽어보고 확장시키기
6. 4명까지 이어서 작성해보고 서로의 작품 감상하기

김밥 만들기

⌒ visual thinking

톰 우젝[1]은 "복잡한 문제에 부딪혔다면 먼저 토스트 만드는 과정을 설명해보세요!"라며 테드(TED)[2]를 통해서 복잡한 문제를 해결하는 방법을 설명하였다. 이 '김밥 만들기'는 톰 우젝의 토스트 만들기를 응용한 활동이다.

"김밥 만드는 과정을 설명하는 활동을 한다."

이처럼 김밥 만드는 단계를 말로써 설명하라고 하면 어떤 사람은 쉽게 설명하지만 또 어떤 사람은 설명을 잘 못하는 경우도 있다. 특히나 어린 학생들은 김밥을 만들어 먹지 않고 주로 가게에서 사 먹다 보니 김밥 만드는 과정을 잘 모른다. 이때 "김밥 만드는 과정을 단계별로 비주얼씽킹하세요!"라고 하면 학생들을 스스로가 내용을 정리하게 되고 설명하는 데 편안함을 느끼게 된다.

이러한 과정을 통해서 학생들은 보다 쉽게 어려운 문제들 속에서 복잡한 문제를 해결하는 방식과 예상되지 못한 사실들을 발견하게 된다. 활동을 하는 동안 학생들은 문제를 능동적으로 관찰하고, 여러 가지 해결 방안 등에 대해 이야기 나누는 등 자연스럽게 문제 해결 방법들을 배우게 되는 것이다.

---

1. 1959년 캐나다에서 태어난 톰 우젝(Tom Wujec)은 '오토데스크의 마야', '스케치북 프로' 등 여러 제품을 출시하는 데 함께했으며 시스템씽킹, 시각화를 통한 워크숍 및 강연을 했다.

2. ted.com/talks/tom_wujec_got_a_wicked_problem_first_tell_me_how_you_make_toast#t-337495
TED(Technology, Entertainment, Design)는 미국의 비영리 재단에서 운영하는 강연회로 정기적으로 기술, 오락, 디자인 등과 관련된 강연회를 개최한다. _위키백과 김밥 만들기는 재료를 구성하는 것부터 각 단계별 순서들을 생각하며 그 과정들을 연결하여 표현하는 활동이다. 누구나 김밥 만들기에 대해선 대략적인 순서는 알고 있지만 이것을 메모지 4장으로 요약하기, 메모지 6장으로 요약하기는 쉽지 않다. 또한 4가지로 요약을 하더라도 재료나 만드는 과정이 조금씩 다르다. 이유는 경험의 양과 재료가 다르기 때문이다.

이렇듯 김밥 만드는 과정을 비주얼씽킹해서 교실 게시판에 붙여 서로 공유하게 되면 다른 사람의 마음과 아이디어를 공유할 수 있게 된다. 톰 우젝 역시 그림 그리는 활동은 여러 개체와의 관계로 이루어진 복잡한 시스템을 이해하는 데 도움이 된다고 하였다.

1단계	2단계	3단계	4단계
종이에 과정 정리하기	포스트잇 과정 개인 비주얼씽킹	포스트잇 과정 함께 비주얼씽킹	함께 보면서 이야기 나누기
- 실제적인 사물을 관찰 - 재료들을 생각 - 각 재료들의 관계 - 도구들의 관계 - 사람의 역할	- 포스트잇 단계를 정리 - 포스트잇 배치를 통해 분석 - 표현 + 분석 등을 통해 신속하게 문제를 이해	- 재배치 과정 - 다양한 관점이 하나로 통합 - 문제에 정확하게 접근	- 다양한 아이디어 공유 - 소통의 편안함 - 같은 주제에 대한 다양한 생각들을 인정

김밥 만들기 비주얼씽킹 과정

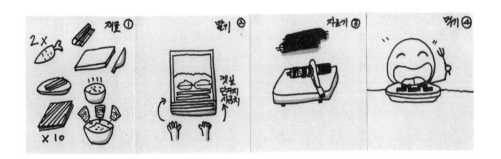

목표는 김밥 만들기,
만드는 과정은 각자 다르다.

07 비주얼 전지

수업에 관한 내용을 전지에 크게 표현함으로써 학생들이 궁금해하거나 주제에 대한 의견을 자유롭게 붙여놓도록 한다. 또한 내용을 함께 공유하며 공감을 얻을 수 있는 장점이 있다.

〈비주얼 전지 만드는 방법〉

1.밑그림 그리기
2.마카로 그리기
3.밑그림 지우기
4.중요 부분 강조하기
5.검토하기

비주얼 전지 만들 때 주의할 점은 학생들이 편안하게 자신의 의견을 제시할 수 있도록 분위기를 조성하고 안내하는 것이다. 또한 지나친 장난으로 학생들끼리 서로의 마음에 상처를 갖는 일이 없도록 유의해야 한다. 그렇게 되면 학생들은 더 이상 자신의 의견을 제시하지 않는다.

교실 속 비주얼씽킹 - 전지를 이용한 수업 재구조화

비주얼 전지 만드는 방법은 1. 밑그림을 그리기 2. 마카로 그리기 3. 밑그림 지우기
4. 중요 부분 강조하기 5. 검토하기의 순서로 이루어진다.

참고 문헌

1장

· 김현섭, 〈좋은 학습지 만들기 워크샵 자료집〉, 수업디자인연구소, 2017
· 루돌프 아른하임, 《시각적 사고》, 김정오 옮김, 이화여자대학교출판문화원, 2004
· 수니 브라운, 《두들 레벌루션》, 김아림 옮김, 아르고나인미디어그룹, 2014
· 스티븐 K 리드, 《인지심리학 : 이론과 적용》, 박권생 옮김, 시그마프레스, 2000
· 엘런 럽튼, 《그래픽 디자인 씽킹》, 이재선·윤지선 옮김, 비즈앤비즈, 2016
· 오병근, 《지식의 시각화》, 비즈앤비즈, 2013
· 이정모·강은주·김민식 외, 《인지심리학》, 학지사, 2009
· 조병학·이소영, 《브릴리언트》, 인사이트앤뷰, 2012
· 힐베르트 마이어, 《좋은 수업이란 무엇인가?》, 손승남·정창호 옮김, 삼우반, 2011

2장

· 교육부, 〈학교 진로교육 목표와 성취 기준〉, 2015
· 교육부/한국직업능력개발원, 〈SCEP 창의적 진로개발 활동(초등학교용)〉, 2015
· 인천원격교육연수원, 〈쉽게 바로 쓰는 진로교육〉, 2017

3장

· 권의신·김동국·김철민 외, 《초등 역사 수업의 길잡이》, 책과함께, 2012
· 김재복, 《통합 교육과정》, 교육과학사, 2001
· 류광찬, 《통합 교과 운영》, 교육과학사, 1997
· 문정화, 《내 아이를 위한 창의성 코칭》, 아이비하우스, 2011
· 심광현·노명우·강정석, 《미래 교육의 열쇠, 창의적 문화교육》, 살림터, 2012

· 유영만,《생각지도 못한 생각지도》, 위너스북, 2011
· 이윤미·서정아·노현주 외,《주제 통합 수업, 아이들을 수업의 주인공으로!》,
　살림터, 2014
· 한국교육개발원,《통합 교육과정의 이론과 실제》, 서울 교육과학사, 1983

· 교육부, 〈2015 교육과정_별책6_사회과 교육과정〉, 2015
· 박천기, 〈초등 사회과 역사 수업에서의 삽화 자료 활용 방안〉, 한국교원대학교
　대학원 석사학위 논문, 1999, 7쪽
· 박태열, 〈역사 교과에 대한 학생들의 인식과 개선 방안 연구 – 중학교 과정을
　중심으로〉, 명지대학교 교육대학원 학사학위 논문, 2012, 6쪽
· 송춘영, 〈역사적 사고력을 신장시키기 위한 사료 학습 방안〉, 사회과교육연구,
　1986, 46쪽
· 신장미, 〈초등학교 사회과 교과서에서 그림 읽기 전략을 통한 역사 학습 활용
　방안〉, 공주대학교 교육대학원 석사학위 논문, 2009
· 왕상헌, 〈초등 사회과 역사 학습에서 표현 자료로서의 역사 만화 활용〉, 부경
　대학교 교육대학원 석사학위 논문, 2009
· 이대희, 〈초등학교 사회과 교과서 삽화의 효율성 분석〉, 한국교원대학교 대학
　원 석사학위 논문, 1999, 25쪽
· 이은아, 〈삽화 활용 역사 수업이 아동의 역사적 사고력에 미치는 영향에 관한
　연구〉, 공주교육대학교 교육대학원 석사학위 논문, 2004, 15쪽

4장

· 진현정, 〈중학교 광합성 단원에서의 과학 그리기 활동을 통해 나타난 개념 구조
　변화와 과학 창의성 분석〉, 이화여자대학교 교육대학원 석사학위 논문, 2014
· 유진경, 〈그리기를 활용한 과학 토론 수업의 효과〉, 서울교육대학교 석사학위
　논문, 2010

· 도현애, 〈그림 중심의 노트 기록 활동이 과학 학습에 미치는 영향〉, 대구교육
　　대학교 초등교육과 석사학위 논문, 2010

5장

· 조준동, 《창의융합 프로젝트 아이디어북》, 한빛아카데미, 2015

6장

· 민진홍, 《땡큐 파워》, 라온북, 2016
· 안미란, 《나 안 할래》, 아이세움, 2004

7장

· 교육부, 〈2015 국어과 개정 교육과정〉
· 배철우, 《독서교육, 스토리텔링을 만나다》, 예영커뮤니케이션, 2014
· 유동걸, 《토론의 전사2》, 해냄에듀, 2012
· 나승빈 선생님의 '함께 있어 행복한 우리' 블로그 : blog.naver.com/kingofnsb

＊ "내'가 있는 독서 토론 비주얼씽킹'이라는 표현은 '좋은교사 수업코칭연구소'의 2017
　　방학 아카데미의 주제인 "내'가 있는 수업 만들기"에서 아이디어를 얻었음을 밝힌
　　다. 또한 독서 토론 비주얼씽킹에 적용한 토론 수업은 유동걸 선생님의 '토론으로
　　수업을 잡자(티스쿨원격교육연수원)' 오프라인 연수에 직접 참여해 영감을 얻고 큰
　　도움을 받았다.

부록

· 박현숙·이경숙, 《어! 교육과정? 아하! 교육과정 재구성!》, 맘에드림, 2014
· 에드워드 드 보노, 《드 보노 생각의 공식》, 서영조 옮김, 더난출판사, 2010